D1721900

Torrès · Wein-Degustation

Aus dem Französischen übersetzt von Daniela Brechbühl. Titel des französischen Originals: Le Plaisir du Vin, erschienen bei Editions Jacques Lanore. Copyright © by Pierre Torrès und Lt. Editions J. Lanore, Paris 1987. Deutsche Ausgabe: © Müller Rüschlikon Verlags AG, Cham, 1992. – Nachdruck, auch einzelner Teile, verboten. Alle Nebenrechte vom Verlag vorbehalten, insbesondere die Filmrechte, das Abdrucksrecht für Zeitung und Zeitschriften, das Recht zur Gestaltung und Verbreitung von gekürzten Ausgaben und Lizenzausgaben, Hörspielen, Funk- und Fernsehsendungen sowie das Recht zur foto- und klangmechanischen Wiedergabe durch jedes bekannte, aber auch durch heute noch unbekannte Verfahren.
ISBN 3-275-01027-1. 1/4-92. – Printed in Germany.

Pierre Torrès

Wein-Degustation

Vorwort von Jean-Luc Pouteau

Müller Rüschlikon Verlags AG
Cham · Stuttgart · Wien

Inhaltsverzeichnis

Vorwort

Pierre Torrès ist ein Perfektionist. Auf der französischen önologischen Versuchsstation »Station Viti-Vinicole du Roussillon« hat er alle Aspekte der Bodenbeschaffenheit, der Traubensorten und der Weinbereitungstechniken untersucht, um die Qualität des Weins zu verbessern. Er versteht es meisterhaft, die neuen Erkenntnisse so einzusetzen, daß sie in jeder Hinsicht einen Gewinn für den Weinbau bedeuten.

Die Winzer können volles Vertrauen ins Können von Pierre Torrès haben.

Daneben leitet Pierre Torrès eine Degustationsschule, um sein Wissen und seine Ideen allen Interessierten zugänglich zu machen.

Mit dem vorliegenden Buch zeigt uns Pierre Torrès den richtigen Weg zum Weingenuß und hilft uns, die Empfindungen zu definieren, die wir beim Kosten eines Weins wohl verspüren, aber meist nur schlecht ausdrükken können. Pierre Torrès versteht es, sich mit einfachen Worten allen verständlich zu machen, so daß man als Leser Lust bekommt, sich unverzüglich ins Vergnügen des Weinkostens zu stürzen.

Jean-Luc POUTEAU
»Meilleur Sommelier du Monde«

Einführung

Sind Sie bei einer Weindegustation schon mal dabei gewesen? Nach jedem kleinen Schluck, den die Degustatoren nehmen, folgt ein wahrer Wortschwall. Es wimmelt von bildhaften, oft auch poetischen Ausdrücken: »Der Wein hat ein schönes Kleid, er hat Biß, er ist nicht nervig, mit einem Hauch von Gewürzen und einer Vanillenote, mit ziemlich langem Abgang.«

Soll man diese Eloquenz nun bewundern oder lächerlich finden? Diese Poesie wird Sie wahrscheinlich eher verunsichern, falls Sie selbst vielleicht gesagt hätten: »Ein guter Tropfen, schmeckt wunderbar...«, oder, falls Sie schon ein wenig mehr davon verstehen: »Ein junger, fruchtiger Wein.«

Außer der besseren Kenntnis der Weine regt uns die Degustation genannte Kunst auch dazu an, solche Sinnesorgane zu schärfen und zu gebrauchen, die man sonst eher vernachlässigt, wie etwa den Geruchssinn.

Während unser tägliches Leben in immer engeren Normen verläuft, läßt uns die Kunst des Degustierens wieder einen Teil der Natur erleben und lehrt uns, die abgestumpften Sinne aufleben zu lassen und gekonnt einzusetzen. Das Degustieren ist also gleichzeitig eine Schulung unserer Sinnesorgange.

Ich möchte Sie nun einladen, mit mir zusammen diese wunderbare Schulung von Grund auf zu lernen.

Pierre Torrès

Welchen Zweck
erfüllt die Degustation?

Einen großen Wein kann man erst dann richtig schätzen, wenn man die Kunst des Degustierens beherrscht. Wenn beim Verkosten eine gewisse Sensibilität der Sinnesorgane fehlt, kann man auch keine Empfindungen in den Wein legen, den man kostet. Geschulte Sinnesorgane ermöglichen uns, den Wein grundsätzlich in zwei Kategorien einzuteilen: Trink-Wein, im allgemeinen also ein Tafelwein, der täglich auf den Tisch kommt, und Genießer-Wein, der uns reichhaltigere organoleptische Erlebnisse beschert. Die Degustation dient aber nicht ausschließlich dem Vergnügen, sondern ist auch eines der wichtigsten Mittel für die Beurteilung der Weinbereitung und des Endprodukts.

Für den Önologen wie den Weinerzeuger ist das Degustieren ein unerläßliches Arbeitsinstrument, das dem Fachmann erlaubt, zum Beispiel den Verlauf der Gärung oder einer bestimmten Behandlung zu kontrollieren. Offiziell wird die Degustation unter anderem unter der Kontrolle des Institut National des Appellations d'Origine eingesetzt, wenn es darum geht, die Weine zu klassifizieren und ihnen Herkunftsbescheinigungen auszustellen. Aber auch die Vins de Pays werden einer Probe mittels Degustation unterworfen.

Daneben gibt es eine ganze Reihe von Weinwettbewerben, Treffen der Weinfreunde und »Tastevinages«, bei denen Weine nach Kategorien und Herkunftsgebieten bewertet werden. Auch hier arbeitet man mit Hilfe einer Degustationsmethode.

Auch dem Weinmakler ermöglicht die Degustation eine optimale Auslese der von den Erzeugern angebotenen Weine, die er seinen Kunden anbieten will. Früher geschah allerdings die Degustation viel weniger formell und nicht so wissenschaftlich genau wie heute. Das Vokabular war beschränkt, und oftmals ersetzten poetische Phantasieausdrücke eine genaue Definition.

Aus diesem Grund wollten auch manche Fachleute die Degustation abschaffen und durch die chemische Analyse ersetzen, die viel objektiver ist. Das Vorhaben war aber zum Scheitern verurteilt, denn die Sinnesorgane des Menschen sind in ihrer Präzision und Empfindlichkeit einmalig und durch keine noch so ausgeklügelte Maschine zu ersetzen, weil diese nach wie vor gewisse Empfindungen, die der menschliche Organismus mühelos analysiert, nicht in derselben Weise aufzuschlüsseln vermag. Das hieß, daß man die Degustation objektiver, wissenschaftlicher und genauer gestalten mußte. Und genau darum bemüht man sich bei den Degustatoren seit nunmehr fünfzehn Jahren. Die Fähigkeiten des Menschen werden mit jenen eines künstlichen Meßgeräts verglichen, so daß also vom ersten dieselben Fähigkeiten gefordert werden wie vom zweiten, nämlich:
– Empfindlichkeit, das heißt, die Fähigkeit, auch auf kleinste Dosen einer Substanz reagieren zu können;
– Genauigkeit, die es erlaubt, die wahrgenommenen Empfindungen exakt bestimmen zu können;
– und schließlich Konstanz, das heißt, die Fähigkeit, auch unter verschiedenen Umständen gleichbleibend objektiv urteilen zu können.

Des weiteren wurde eine Methode der Sinnenprüfung des Weins entwickelt, die heute allgemein praktiziert wird. Und schließlich wurde auch das Vokabular neu geschaffen, das im Vergleich zu früher vielleicht etwas von seiner Poesie verloren, dafür aber einiges an Genauigkeit gewonnen hat und somit dazu beiträgt, daß das Verkosten heute eine objektive Qualitätsprüfung des Weins darstellt.

1. Vorbereitungen auf die Sinnenprüfung

Lassen Sie sich nicht mehr an der Nase herumführen...

Wir alle sind auf bestimmte Reize konditioniert, ohne daß wir uns dessen bewußt sind. Diese subtile, schmerzlose Versklavung unserer Reaktionen behindert jedoch unvoreingenommene sensorische Empfindungen. Indem wir uns diese Manipulation unserer Sinne bewußt machen, kommen wir der Emanzipation daraus schon einen gewaltigen Schritt näher und öffnen uns die Tür zu lustvollerem Empfinden.

Gerade auf das Degustieren hat die Konditionierung unseres Verhaltens einen großen Einfluß. Wie die Werbestrategen natürlich wissen, entsprechen die allermeisten Getränke, die wir konsumieren, einer modischen Zeiterscheinung. Sei es nun ein Long Drink, ein Cocktail, ein »On the rocks« oder ein »Light«-Getränk – man trinkt es, weil es eben alle andern auch trinken und paßt demzufolge seinen Geschmack der Modeströmung an.

Dieses »Herdenverhalten« ist ein herrliches Beispiel für die Domestikation und das Abstumpfen unserer Sinnesorgane! Man denke zum Beispiel an einen Primeur: man trinkt das Wort »primeur« und denkt dabei unweigerlich an Beaujolais.

Oder die alten Weine: ein alter Armagnac, eine alte Flasche von... und schon schwirren unzählige festgefahrene Bilder durch unseren Kopf, die für höchste Qualität und Exklusivität stehen. Ohne den betreffenden Wein zu kennen, bildet man sich über seine Qualität ein Urteil, ein Vorurteil... Bei der Meinungsbildung haben das Fernsehen, die Presse, sogenannte »Geheimtips« oder berühmte Filmprotagonisten ebenso sehr wie Romanfiguren einen ausschlaggebenden Einfluß auf unerfahrene Weinkonsumenten.

Im allgemeinen bilden wir unseren allerersten Eindruck visuell, und das damit gebildete Klischee wird sofort an unsere vorgefaßte Meinung weitergegeben. So erinnert uns etwa ein grünes Getränk unweigerlich an Minze und Frische und gehört möglichst in einem großen Glas serviert.

Auch die Flasche und das Etikett haben einen großen Einfluß auf die Meinungsbildung; ist die Flasche von einer »edlen« Staubschicht überzogen, erachten wir den Inhalt automatisch als etwas Besonderes, wohingegen wir beim Anblick einer Literflasche mit Kapselverschluß angewidert die Nase rümpfen. Der alte Spruch »Die Flasche ist Nebensache« gilt heute jedenfalls nicht mehr im selben Maße wie früher. Es genügen ein feierliches Dekor, eine festliche Tischdecke, schöne Gläser, damit der dazu servierte Wein von vornherein mit Wohlwollen aufgenommen wird. Wird der Wein noch dazu in der Karaffe ausgeschenkt, wird man sofort rätseln, ob es sich wohl bei dem edlen Tropfen um einen ganz besonders alten Wein handle, der vorher dekantiert wurde.

Andererseits werden wir denselben Wein, wenn er uns in einer tristen Küche einer bescheidenen Behausung und auf dem bloßen Küchentisch serviert wird, bestimmt sofort anders einstufen, obwohl es sich um denselben Wein in derselben Karaffe handelt...

Viele Leute trinken ihr Leben lang immer den gleichen Wein und kosten nie einen anderen. In diesem Fall bilden sie sich ein qualitatives Urteil anhand einer liebgewonnenen Gewohnheit. Jeder andere Wein wird gezwungenermaßen als anders, das heißt fremd und daher suspekt betrachtet.

Ich habe selbst schon erlebt, daß ein wirklich schöner Wein nach dem ersten Schluck zurückgewiesen wurde, weil er eben nicht der festgefahrenen Gewohnheit entsprach.

Das Weinverkosten schlägt eine Brücke zwischen unseren Empfindungen und unseren Neigungen. Man macht zuerst mit Hilfe der Sinnesorgane eine objektive Analyse (die sogenannte Sinnenprüfung) und verbindet diese sodann mit dem subjektiven Urteil.

Dabei sagt man nicht einfach von einem jungen Wein »brrr... schmeckt scheußlich«, weil man ein Liebhaber von altem Wein ist, sondern man versucht, das, was man bei der Sinnenprüfung empfindet, in präzise Worte zu fassen und benutzt dazu diejenigen Ausdrücke, die einem am geeignetsten erscheinen zur objektiven Beschreibung der subjektiven Wahrnehmung.

Die Devise eines jeden Degustators sollte sein: »Verkoste erst den Wein und sprich danach darüber, und zwar ohne zu deinem Nachbarn hinzusehen und ungeachtet des Urteils anderer.«

...sondern »bekennen Sie Nase« (auch mit vollem Mund)

Bei einer Degustation wirken verschiedene Sinne mit:
• über das Auge der Gesichtssinn (visueller Sinn);

- über die Nase der Geruchssinn, das heißt, direkt über das Geruchsorgan;
- über den Mund ebenfalls der Geruchssinn (Retroolfaktion), das heißt, indirekt über den retroolfaktiven Weg oder Nasenrachenraum;
- über die Zunge der Geschmackssinn; wir können vier verschiedene Geschmacksrichtungen empfinden: süß, salzig, sauer und bitter;
- über den Tast- und Temperatursinn.

Was allgemein mit dem Ausdruck »Geschmack« umschrieben wird, ist, etwas differenzierter ausgedrückt, Teil des Geruchssinns und des Geschmackssinns.

Der Geruchssinn überwiegt ohnehin. Um das zu erfahren, genügt es, wenn man sich beim Degustieren versuchsweise einmal die Nase zuhält. Außerdem haben sicher alle schon einmal die Erfahrung gemacht, daß man bei einer Erkältung sofort kaum mehr Freude am Essen hat.

Das Reich der Sinne in der Degustationskunst

Organe	Empfindungen	Beurteilungskriterien
Auge	visuell (optisch)	Farbe, Klarheit, Fluidität, Schäumung
Nase	direkter Geruch	Aroma oder Duftstoffe
Mund	retroolfaktiv	Aromen
	geschmacklich	Geschmack
	Tastsinn	prickelnd, ölig, adstringierend

...und setzen Sie Ihre Nase im richtigen Moment ein

Wann sollte man degustieren

Am empfindlichsten reagieren unsere Sinnesorgane vor einer Mahlzeit, also in nüchternem Zustand, der einige Stunden gedauert hat. Man sollte nie nach einer üppigen Mahlzeit Wein verkosten, denn da halten die Geschmackspapillen Siesta.

Wieviele Weine kann man nacheinander degustieren?

Falls Sie ungeübt im Degustieren sind, sollten Sie sich auf fünf bis sechs Weine beschränken, denn nach jedem Probemuster macht sich eine zunehmende Ermüdung bemerkbar, und die letzten Weine erscheinen dann im allgemeinen härter.

Der Degustator muß gut in Form sein

Im Prinzip kann jedermann Wein verkosten. Natürlich empfindet nicht jeder Mensch jeden Geschmack gleich intensiv, aber die meisten verfügen über enorme Kapazitäten der Sinnesorgane, die jedoch oftmals nicht ausgeschöpft werden.

Natürlich gibt es auch Ausnahmefälle, Menschen, die für solche Sinneswahrnehmungen nicht empfänglich sind. Leute, deren Geschmacksorgane eingeschlafen sind, können natürlich nichts empfinden. Das sind dann die Blinden und Tauben der Degustationskunst.

Aber auch wir anderen sind nicht immer in Hochform zum Degustieren.

Setzen Sie Ihre Sinne keiner solchen Belastungsprobe aus, wenn Sie erkältet, fiebrig oder ganz einfach müde und erschöpft sind. In diesem Fall sollten Sie Ihre Degustationssitzung verschieben. Tragen Sie auch keine Verunreinigungen in den Probierraum, das heißt, keine aufdringlichen Parfüms und Rasierwasser und keinen

Tabakrauch. Auch von dem heißgeliebten Kaugummi oder der Lakritze muß man sich unbedingt vor Betreten des Probierraums trennen, und kurz vor dem Degustieren sollten Sie keine scharfe Zahnpasta benutzen.

Die Degustation
und das passende Umfeld

Der Probierraum

Er sollte durch Tageslicht oder gleichwertiges Kunstlicht gut beleuchtet sein. Es kann sich dabei um einen Raum in Ihrem Haus handeln, vorzugsweise einen mit hellen Wänden. Eine aggressiv gemusterte Wandverkleidung kann einen unseligen Einfluß auf das Verhalten der Anwesenden ausüben. In den Raum dürfen auch keine Fremdgerüche eindringen; Tabakrauch etwa oder Essensgerüche sind unbedingt auszuschließen.

Der Raum sollte ruhig sein, denn Lärm behindert das Verkosten ganz erheblich und verhindert, daß man einen großen Wein richtig genießen kann. Auch der Weinkeller ist in den meisten Fällen nicht der ideale Ort zum Degustieren, denn dort ist es normalerweise nicht hell genug und zudem ist der Raum geruchlich nicht neutral.

Auch die Art des Lichts spielt beim Einsatz der Sinnesorgane eine wichtige Rolle. So bestärkt etwa ein grünliches Licht die Geruchswahrnehmung bei Weißweinen und im allgemeinen die sauren Geschmacksempfindungen, während zum Beispiel blaues Licht die bitteren Geschmacksstoffe hervorhebt.

Die Einrichtung des Raums kann etwa so aussehen: Ein einfacher Tisch und ein Stuhl pro Person. Der Tisch sollte mit einer weißen Tischdecke bedeckt sein, damit die Farbe des Weins besser zur Geltung kommt. Die

Raumtemperatur liegt idealerweise bei 18° Celsius, die Luftfeuchtigkeit bei etwa 60%.

Das Arbeitsmaterial

– *Gläser.* Zum Degustieren nimmt man nicht ein x-beliebiges Glas. Man wähle stattdessen Gläser mit folgenden Eigenschaften: mit Fuß, von mittlerer Größe (das heißt, 20–30 cl; zu kleine Gläser sollte man vermeiden), durchsichtig, aus hochwertigem Glas oder Kristallglas, ungefärbt und in Tulpenform, damit man den Wein im Glas schwenken kann. Es gibt auch speziell genormte, offizielle Degustationsgläser. Es empfiehlt sich, pro Person drei bis vier Gläser vorzusehen, um Vergleiche anstellen zu können. Das Glas ist beim Verkosten das wichtigste Arbeitsinstrument. Das heißt, daß Sie es auch von Anfang an richtig in der Hand halten sollten: Fassen Sie es nie am Rumpf an (außer Sie wollen den Inhalt wärmen), sondern am Fuß.

– *Korkenzieher.* Benutzen Sie einen guten Korkenzieher und keinen, der die Flasche durchschüttelt oder den Korken zu sehr beschädigt. Die Spirale sollte möglichst lang sein und abgerundete Kanten haben.

– *Wasserkaraffen,* um zwischen den Proben den Mund zu spülen. Wenn man über gutes Leitungswasser verfügt (ohne Chlorgeschmack), genügt das durchaus. Andernfalls nimmt man ein möglichst neutrales Mineralwasser.

Wenn man mehrere Weine verkostet, spuckt man den Schluck Wein wieder aus. Dazu benutzt man am besten einen einfachen Eimer oder eine Schale mit etwas Sägemehl auf dem Grund und stellt das Gefäß diskret neben seinem Stuhl auf den Boden.

– *Ein Thermometer.* Es empfiehlt sich, damit von Zeit zu Zeit die Temperatur des Weins zu messen. Dazu gibt es spezielle, sehr praktische Weinthermometer.

– *Ein Heft und ein Bleistift,* um sich ein paar unerläßliche Notizen zu machen.

...und endlich kommen wir zur Hauptsache: dem Wein

Holen Sie den Wein sorgfältig von dort, wo Sie ihn ein paar Tage vorher hingebracht haben. Kaufen Sie ihn nie erst eine Stunde vor dem Verkosten ein, denn viele Weine müssen sich nach einer Reise erst wieder erholen können.

Beim Ausschenken sollte der Wein eine Temperatur von rund 15° Celsius haben.

Wenn es sich um mehrere Weine handelt, ordnet man sie folgendermaßen: die jungen Weine verkostet man vor den älteren, die weißen und Rosés vor den roten. Süßweine hebt man sich immer bis zum Schluß auf.

Die einzige erlaubte Beigabe zum Wein sind ein paar Stückchen Brot oder Zwieback.

Sinnesorgane spielerisch erfahren

Jedem Kapitel folgt ein praktischer Teil, den Sie mit ein paar Freunden durchführen sollten. Es handelt sich dabei um eine Art Gesellschaftsspiel mit dem Ziel, Ihre Sinnesorgane zu schulen. Diejenige Person, die jeweils ein Spiel vorbereitet, kann an der anschließenden Degustation nicht teilnehmen. Wenn Sie diese Person sind, sollten Sie sich dafür beim nächsten Mal bei einem Ihrer Weinfreunde einladen lassen, damit Sie wieder mitspielen können und ein anderer die Spielvorbereitung übernimmt.

Spiel Nr. 1

Testen Sie Ihre Voreingenommenheit

Erster Schritt

Dazu braucht man drei Rotweine ganz unterschiedlicher Qualität, nämlich:

- einen gewöhnlichen Tafelwein in der Literflasche;
- einen Wein respektabler Herkunft, und
- einen exklusiven Wein erstklassiger Herkunft und aus einem guten Jahrgang.

Man schenkt die Weine in dieser Reihenfolge aus und präsentiert den Degustatoren jedesmal die entsprechende Flasche. Dann bittet man die Verkoster, jeden Wein zu beschreiben und nach seinem Geschmack zu klassifizieren.

Zweiter Schritt

Jetzt serviert man dieselben Weine in anderer Reihenfolge und ohne dazu die Flasche zu zeigen. Man verrät den Prüfern auch nicht, daß es sich um dieselben drei Weine handelt wie vorher. Man bittet sie wiederum um eine Beschreibung und Klassifizierung jedes Weins.

Dann vergleicht man die beiden Resultate miteinander. Wenn sie übereinstimmen, gebührt dem betreffenden Degustator ein Lob, denn das ist für den Anfang ganz gut! Stimmen die Resultate von der ersten und der zweiten Probe nicht überein, bedeutet das, daß der betreffende Verkoster sich durch die beim ersten Mal präsentierte Flaschenetikette hat täuschen lassen und voreingenommen war.

2. Optische Prüfung

Die erste Prüfung, die der Wein über sich ergehen lassen muß, ist die optische. Der optische Eindruck ist sozusagen das Tor zur weiteren Sinnenprüfung, das einen ersten allgemeinen Eindruck hinterläßt und manchmal sogar das weitere Urteil des Degustators ausschlaggebend beeinflussen kann. Die optische Prüfung des Weins führt man immer mit einem ungefärbten, absolut durchsichtigen Glas auf weißem Grund und bei Tageslicht durch.

- Welche Feststellungen kann man denn nun bei der optischen Prüfung machen? Der optische Eindruck gibt uns Anhaltspunkte über
  - Klarheit und Transparenz,
  - die Flüssigkeitskonsistenz, das eventuelle Vorhandensein von Kohlensäure, und
  - die Farbe.

Klarheit und Transparenz

Das Gegenteil von Klarheit sind Trübungen. Eine Trübung kann von einigen wenigen schwebenden Trübstoffen bis zur absoluten Undurchsichtigkeit reichen; diese verschiedenen Trübungsgrade umschreibt man mit Ausdrücken wie matt, unsauber, undurchsichtig, trüb.

Man muß unterscheiden zwischen den Trübstoffen (die immer schweben) und dem Depot, das sich auf dem Grund der Flasche absetzt. Während die Trübstoffe eine Degustation verändern können, ist ein Depot normalerweise harmlos (es handelt sich dabei um die Ablagerung von Weinkristallen). Ein trüber Wein beeinflußt unseren Geschmackssinn nachteilig. Während das Phänomen der Trübung bei einem noch jungen Wein völlig normal ist, bedeutet es bei einem älteren Wein eine Veränderung in der Entwicklung. Wenn man eine trübe Flasche ruckartig in Bewegung bringt, kann man sehr schön beobachten, wie die Trübstoffe oder der Bodensatz umherwirbeln.

Die Transparenz eines Weins beurteilt man danach, wie klar man einen Gegenstand hinter dem Weinglas durch den Wein hindurch erkennen kann.

- Bei den Weißweinen sind Transparenz und Klarheit identisch.
- Bei den Rotweinen hingegen kommt es auf die Farbintensität an, ob ein Wein noch transparent ist.

Wenn man von oben ins Glas oder die Probierschale schaut, erkennt man auf der Oberfläche des Weins einen Spiegel oder eine spiegelnde Scheibe, worin sich eventuelle Trübstoffe und Spiegelungen gut beobachten lassen.

Die physikalischen Eigenschaften des Weins

Wein hat nicht dieselben Fließeigenschaften wie Wasser. Wenn man den Wein im Glas schwenkt, entsteht an der Glaswand ein Flüssigkeitsfilm, der alsbald Tropfen bildet: die sogenannten Tränen, die Aufschluß geben über den Alkoholgehalt, den Zuckergehalt oder den Glyzeringehalt des entsprechenden Weins.

Früher glaubte man, die Bildung von »Tränen« sei auf besonders reichlich vorhandene organoleptische Eigenschaften des Weins zurückzuführen; von diesem Aberglauben distanzieren sich heute zum Glück die meisten Fachleute.

Das Freiwerden von Kohlensäure gibt uns Aufschluß über den Kohlensäuregehalt eines Weins. Bei fehlender Kohlensäure handelt es sich um sogenannte Stillweine, im Gegensatz zu den Schaumweinen. Je nach Intensität der freigesetzten Kohlensäure beschreibt man einen Schaumwein als perlend, prickelnd, schäumend, crémant, moussierend oder gazeux (sprudelnd).

Die Beschreibung der Kohlensäure-Freisetzung erfolgt mit Ausdrücken wie: langsam, rasch, anhaltend, flüchtig. Gleichzeitig wird die Struktur des Schaums beurteilt sowie die Beständigkeit der Schaumkrone und die feine Perlenschnur, die sich durch das Aufsteigen der Bläschen im Glas formt.

Die Farbe des Weins

Aus der Farbe des Weins, aus ihrer Tiefe, Lebhaftigkeit, ihren Reflexen und ihren Nuancen ergibt sich das sogenannte »**Kleid**« des Weins.

Die Farbtiefe kann zwischen blaß und dicht liegen.

Die Lebhaftigkeit zwischen funkelnd und matt.

Für die Brillanz sind viele oder wenige Reflexe verantwortlich.

Die Farbe des Weins hängt von der verwendeten Traubensorte ab (Rotwein, Rosé, Weißwein...), aber auch von der Weinbereitung (Kelterungsart, Gärdauer) sowie vom Ausbau (Art des Behälters, Zeitpunkt der Flaschenfüllung).

Die Farbe hängt von der Anwesenheit von Pflanzen-
pigmenten verschiedener Arten ab, die zu den polyphe-
nolen Substanzen gehören und beim Rotwein aus
Anthocyanen, beim Weißwein wahrscheinlich aus Fla-
vonderivaten bestehen.

Die Färbung dieser Pigmente wiederum hängt vom
Säuregrad (pH-Wert) ab. So entsteht die rote Färbung
dadurch, daß der Wein einen eher niedrigen pH-Wert
aufweist. Würden wir diesen pH-Wert erhöhen, bekäme
der Wein eine andere Farbe.

Einige rote Traubensorten wie zum Beispiel Merlot
oder Sirah enthalten sehr viel Farbstoff, andere, wie
etwa Cinsault oder Aramon enthalten weniger Farbstoff. Damit sich die Pigmente voll entfalten können,
müssen die Trauben in einem sonnigen, warmen Klima
reifen können. Aus diesem Grund sind auch die Trauben aus warmen Klimazonen intensiver gefärbt als solche aus kälteren Regionen.

Während der Maischegärung bewirkt der Kontakt
zwischen der Flüssigkeit (dem Most) und den Beeren-
häuten (der Maische) das Herauslösen der Farbstoffe.
Eine lange Maischegärung ergibt also intensiver
gefärbte Rotweine.

Die Farbe verändert sich mit dem Alter des Weins.
Die Weißweine werden mit zunehmendem Alter dunkler, die Rotweine verlieren zuerst ihren Violett-Ton,
dann den Rubin-Ton und tendieren im Alter mehr zu
den ziegelfarbenen Tönen. Diese Entwicklung ist
abhängig vom Oxydoreduktionspotential und von der
Lagerungstemperatur. Sauerstoff und Temperatuan-
stieg bewirken eine rasche Farbentwicklung. Die Farb-
substanz eines Weins ist nicht beständig, sondern der
Polymerisation unterworfen und wird mit der Zeit aus-
gefällt. Dies ist auch der Grund für die Farbstoff-
Depots, die sich zuweilen an den Wänden sehr alter
Flaschen ablagern.

Wortschatz zur optischen Analyse

Weißweine:

Gelb oder golden, wenn die Farbe strahlend ist.
Gelbtöne: farblos, weiß, grüngelb, strohgelb, Topas...
Goldtöne: golden, grüngolden, rotgold, rötlich, Bernstein... (bei strahlender Farbe).

Roséweine:

Hellrosa, Rosa, klares Rosa, Pfingstrosa, Kirschrosa, Himbeerrosa, orange, zwiebelschalenfarbig, lachsfarben...

Rotweine:

Rubinrot, granatrot, purpurrot, Vermeil, violettrot, schwarz, Oel-de-Perdrix, ziegelfarben, orangerot...

Spiel Nr. 2

Lassen Sie Ihre Augen sprechen

Die Farbe des Weins gibt uns, wie wir gesehen haben, erste Aufschlüsse über seine Lagerung, sein Alter und seine organoleptischen Qualitäten.

23

Das heißt, daß sich der Degustator im Normalfall schon beim Anblick der Farbe ein erstes Urteil über den Wein bildet. Er darf sich aber im Hinblick auf die spätere geruchliche und geschmackliche Analyse nicht allzu sehr vom optischen Eindruck beeinflussen lassen.

Um den Zusammenhang zwischen diesen drei Aspekten besser zu begreifen, wollen wir jetzt eine entsprechende Übung machen.

Erste Übung

Dazu nimmt man drei Roséweine, womöglich von unterschiedlicher Farbe, denn bei dieser Weinsorte spielt die Farbe bei der Sinnenprüfung eine besonders wichtige Rolle.

Die drei Rosés werden gleichzeitig präsentiert.

Als erstes bittet man nun die Degustatoren, die drei Weine nur aufgrund des optischen Eindrucks zu beschreiben und zu klassifizieren, also ohne daß der Wein gerochen oder in den Mund genommen wird.

Wenn der Wein eher dunkel ist, kann man davon ausgehen, daß er wahrscheinlich ziemlich fruchtig ist; ist er »zwiebelschalenfarbig«, hat er unter Umständen ein weniger fruchtiges, dafür kultivierteres Aroma.

Als zweites müssen die Degustatoren die Weine einschätzen, ohne sie sehen zu können. Das kann man entweder mit Verbinden der Augen erreichen oder indem man die Gläser mit Papier umwickelt, damit die Weinfarbe nicht mehr ersichtlich ist. Vorher erklärt man den Degustatoren, daß man ihnen die drei Weine in anderer Reihenfolge präsentieren wird. Dann müssen sie wiederum alle drei Weine beschreiben und nach ihrem Gutdünken einordnen. Danach vergleicht man die Resultate der beiden Prüfungen wiederum daraufhin, ob es Übereinstimmungen gegeben hat oder nicht.

Zweite Übung

Dazu braucht man zwei Rotweine, einen ziemlich jungen und einen älteren, dessen Kleid ein paar orangefarbene Reflexe aufweist.

Dann verfährt man auf dieselbe Weise wie bei der ersten Übung: zuerst Beurteilung ohne Kosten, das heißt, nach ausschließlich optischer Prüfung, danach das Verkosten ohne Einblick in die Farbe der Probemuster.

3. Im Reich
   der himmlischen Düfte

Man kann die Bedeutung der Nase gar nicht oft genug
betonen. Beim Tier übernimmt sie wichtige Funktionen
bei der Nahrungssuche, bei der Untersuchung des
Streifgebietes (die Tiere folgen den Duftspuren) und
beim Fortpflanzungsverhalten (heute weiß man schon
einiges über die Pheromone genannten Duftstoffe).
Aber auch für den Menschen ist der Geruchssinn einer
der wichtigsten Sinne beim Wahrnehmen der Umwelt.
Dazu kommt noch, daß einem die Nase manchmal
gewisse intuitive Eindrücke vermitteln kann, die sonst
kaum faßbar sind.

Und dennoch wird die Bedeutung des Geruchssinns
weitgehend verkannt. Man rühmt sich gerne wegen des
scharfen Auges oder des feinen Gehörs, aber eine gute
Nase erscheint einem eher selten erwähnenswert. Im
Laufe der Jahrhunderte ist die Sensibilität unseres
Riechorgans verkümmert, und heute wird es oftmals
auch bewußt getäuscht; die Entwicklung zum aufrech-
ten menschlichen Gang bezahlten wir mit einer vermin-
derten Empfindlichkeit unseres Riechorgans, und
schließlich spezialisierte sich der Homo erectus auf den
Gesichtssinn.

Durch die Werbung wird unser Geruchssinn dermaßen mit künstlichen Gerüchen überflutet, getäuscht und verwirrt, daß der moderne Mensch kaum mehr die natürlichen Gerüche wahrzunehmen imstande ist. Geschickt nutzen die Werbestrategen unseren »neuen« Geruchssinn aus, um uns buchstäblich an der Nase herumzuführen. Gerade die berauschende Ausstrahlung von Hunderten von Parfümdüften ist seit langem bekannt. So streute schon Kleopatra Rosenblätter auf den Boden des Raumes, in dem sie zum ersten Mal mit Antonius zusammen gewesen war.

Eine der grundlegendsten Erfahrungen beim Weinverkosten könnte darum auch für Sie die Wiederentdekkung des Geruchssinns sein!

Man weiß heute, daß eine solche Wiederbelebung eines verkümmerten Sinnes durchaus möglich ist und daß mit einiger Übung jedermann genügend Riechfähigkeit entwickelt, um Tausende von Duftbotschaften zu erkennen. Außerdem gehört unser Geruchs-Gedächtnis zu den untrügerischsten Erinnerungen. So erinnern sich sicher fast alle von uns zum Beispiel an den spezifischen Geruch der Kreide beim Putzen der Schulwandtafel.

Natürlich gibt es auch Ausnahmen. Unser Geruchssinn kann uns vorübergehend völlig im Stich lassen, so etwa, wenn wir erkältet sind. Es gibt aber auch Menschen, die an einer krankhaften Veränderung des Geruchssinns leiden; so verhindern oder vermindern etwa die Anosmie oder die Hyperosmie den Geruchssinn, während ein Mensch, der unter einer zwanghaften Verfolgung durch nicht existierende schlechte Gerüche leidet, eine sogenannte Kakosmie hat.

Im übrigen ist es in den meisten Fällen nicht möglich, die Aromastoffe der Weine nur mittels Nase zu definieren. Die Konzentration der Aroma-Moleküle ist so schwach, daß sogar die chemische Analyse mit Hilfe modernster Technik wie der Chromatografie im Gärstadium nicht alle Aromastoffe bestimmen kann. Wein ist außergewöhnlich reich an flüchtigen Substanzen: man weiß von über 500 verschiedenen Aromastoffen, von denen man bis jetzt ungefähr 300 bestimmen konnte. Ihre Konzentration ist extrem gering. Zudem sind sie einerseits äußerst subtil und andererseits auch sehr vielseitig, denn man nimmt ja eine Riesenpalette an Duftstoffen wahr (blumig, fruchtig, würzig, gebrannt...).

Die freigesetzten Duftstoffe entstehen je nach Zusammensetzung der flüchtigen Aromastoffe, ihrer Konzentration und ihrer Wechselwirkung. Zwischen den einzelnen flüchtigen Substanzen kann es zu Verdrängungen wie zu harmonischem Nebeneinander kommen. Gleichzeitig spielen der Alkoholgehalt, das Tannin, das eventuelle Vorhandensein von Restzucker usw. eine ausschlaggebende Rolle bei der Bildung des Aromas.

Da Zucker die Duftstoffe verdrängt, behält man sich zum Beispiel beim Ausbau der Schaumweine die allerfeinsten Cuvées vor, um einen »Brut« zu erzeugen. Dasselbe gilt für das Tannin, denn selbst ein Wein, der viele flüchtige Aromastoffe enthält, scheint bei gleichzeitig hohem Tanningehalt wenig aromatisch. Das ist allerdings im allgemeinen nicht so schlimm, denn diese Weine sollten so lange gelagert werden, daß sich das Tannin abbauen kann und die Aromastoffe besser zur Geltung kommen.

Die Entstehung der Aromastoffe im Wein

Gewöhnlich teilt man die Aromastoffe nach ihrer Herkunft ein. Dabei unterscheidet man zwischen Primär-, Sekundär- und Tertiäraromen.

Die Primär- oder Sortenaromen

Darunter versteht man die natürlich in den Trauben vorkommenden Aromen. Ohne hier allzusehr ins Detail abzuschweifen, sollten wir doch festhalten, daß diese von der genetischen Anlage (also der Rebsorte), vom Wachstumsverhalten (d. h. dem Ertrag, der Kultivierungsart etc.), vom Mikroklima (Boden), von der Reife und vom Gesundheitszustand geprägt sind. Gewöhnlich ist aber der Traubensaft eine eher geschmacklose Flüssigkeit, außer in gewissen Sonderfällen wie bei bestimmten Muskateller-Sorten. Die zur Weinbereitung verwendeten Sorten gehören alle zur Art der Vitis Vinifera. Bei den amerikanischen Sorten wie der Vitis Labrusca gibt es Trauben mit einem ganz speziellen Aroma, dessen unangenehmer Geschmack gerne als »fuchsig« (ein unfeines Himbeeraroma, fad und widerwärtig und ganz und gar nicht dem europäischen Geschmack entsprechend) bezeichnet wird und der vom Methylanthranylat stammt. Diese Aromen sind natürlich im Most gut herauszuschmecken und finden sich später im Wein wieder, vor allem bei jungen Weinen.

Es gibt aber auch Traubensorten, bei denen man beim Most kein bestimmtes Aroma herausschmecken kann, die aber trotzdem aromatischen Wein ergeben. Das trifft zum Beispiel auf Sorten wie Syrah, Mourvèdre, Riesling oder Pinot noir zu. Ihre Qualität hängt weitgehend vom Ökosystem ab, in dem die Reben kultiviert wurden.

Die Sekundär- oder Gäraromen

1. Die Aromen vor der Gärung

Als solche bezeichnet man die Aromen, die als Folge

der Mostbehandlung in der Phase vor der Gärung (durch Mahlen, Aufreißen der Traubenbeeren, Kohlensäuregärung, Erhitzen etc.) entstehen. Bei der Weinbereitung ergibt der Most zuerst (normalerweise) einen Saft, dessen aromatische Zusammensetzung direkt oder indirekt durch die im Most enthaltenen Enzyme geschaffen wird.

Deshalb riechen gewisse Früchte verschieden, je nachdem, ob sie ganz oder zerkleinert sind. Zwiebeln und Knoblauch zum Beispiel haben je ein ganz charakteristisches Aroma, nachdem sie zerstampft oder ganz an der Luft geschält wurden.

Die zerstampften Traubenbeeren können, wenn sie der Luft ausgesetzt sind, sehr schnell Alkohole und Aldehyde bilden, deren krautiger Geschmack unangenehm ist. Dieser Vorgang beschleunigt sich noch, wenn der Most relativ unreif und zuwenig Schwefeldioxid zum Schutz vorhanden ist.

Die Kohlensäuregärung besteht darin, daß man die ganzen, noch nicht gemahlenen Beeren in einem mit Kohlensäure gesättigten Gärbottich ansetzt, so daß sich ganz spezielle, an Früchte und Gewürze erinnernde Duftstoffe entwickeln können.

2. Die Gäraromen

Darunter versteht man jene Aromen, die sich im Laufe des Gärprozesses herausbilden, das heißt, der Verwandlung des Zuckers in Alkohol mit Hilfe der Hefen und der Gärung durch Milchsäurebakterien.

Der Wein entsteht durch die Gärung des Beerensaftes mittels Hefepilzen. Diese Gärung produziert zwei hauptsächliche Substanzen: Äthylalkohol und Kohlensäure sowie weitere flüchtige Substanzen, die bei der Aromabewertung des Weins eine Rolle spielen.

Um den Unterschied zwischen einem Traubensaft und

einem Wein zu begreifen, sollte man sich die vier folgenden Fakten vor Augen halten:

1. – Der Äthylalkohol spielt in bezug auf eine wäßrige Lösung eine entscheidende Rolle. Die Auflösung der Substanzen, einschließlich der aromatischen, die in einer hydroalkoholischen Lösung ein anderes Aroma haben, ist besonders wichtig.

2. – Die Kohlensäure verleiht dem Wein eine spezielle Frische und verstärkt die Duftstoffe.

3. – Zwischen den Aromastoffen des Mostes und denen, die durch die Gärung entstehen, besteht eine intensive Wechselwirkung.

4. – Während des Gärprozesses entsteht ein Reduktionsvorgang bei einer bestimmten Temperatur; bestimmte Substanzen des Traubensaftes haben sich also durch chemische oder enzymatische Vorgänge verwandelt.

Obschon normalerweise bei diesen Gärprozessen immer dasselbe Endprodukt entsteht, gibt es doch je nach Art der Vinifikation, der Temperatur, den verwendeten Hefearten, dem pH-Wert etc. einige Unterschiede. Schon 1867 schrieb Louis Pasteur: »Der Geschmack und die Merkmale eines Weines hängen sicher zu einem guten Teil von den Hefepilzen ab, die sich während der Gärung bilden...« Und weiter: »...man sollte bedenken, daß man die Vielfalt der Weine einschränkt, wenn man den Most nur noch einer bestimmten Hefeart aussetzen würde.«

Die Tertiäraromen oder das Bukett

Nach der Gärung klärt sich der Wein, und während des Alterungsprozesses bilden sich neue Geschmacksstoffe: das Bukett.

Der Ausbau wird durch das Oxydoreduktionspotential bestimmt. Das Bukett der großen Weine entwikkelt sich in der Flasche. Man kennt zwar die Mechanismen der Bildung dieser Aromen kaum, aber man nimmt an, daß sie sich dann bilden, wenn das Oxydoreduktionspotential tief ist. Im gegenteiligen Fall verflüchtigen sie sich sehr rasch.

Der Ausbau im Holzfaß ist ein sehr komplexer und differenzierter Vorgang.

Es würde zu weit führen, möchte man an dieser Stelle die Herkunft der vielen verschiedenen Düfte und Aromen eines großen Weines erläutern. Jeder Cru, jeder Jahrgang, jede Flasche hat sozusagen sein ganz spezielles Duftgeheimnis. Die Bezeichnung »Bukett« paßt vorzüglich zu vielen Weinen, die ein regelrechtes Blumenarrangement in sich bergen, während bei anderen der Ausdruck »Korb« besser passen würde, weil bei ihnen die fruchtigen Nuancen vorwiegen, während wieder andere uns in die Gewürzbasare der Maghreb versetzen. Es gibt Weine, die uns in die schwere Geruchswelt von herbstfeuchtem Unterholz führen, und solche, die in uns eher die Erinnerung an herb-süße tierische Gerüche heraufbeschwören.

Vor allem die jungen Weine haben oft blumige Duftnuancen. Man sagt im allgemeinen, daß Weißweine die Düfte von weißen oder blassen Blumen tragen (Akazie, Reseda), während Rotweine mit Vorliebe an rote Blumen erinnern.

Bei bestimmten Beaujolais und großen Burgundern finden sich gerne veilchenartige Aromen. Die Rose wiederum macht sich nur in den allerbesten Weinen bemerkbar; sie kann manchmal schon im jungen Wein bemerkbar sein, andererseits aber auch in sehr alten Weinen. All diese verschiedenen Blumenaromen tragen natürlich zum Raffinement eines Weines bei.

Gleichzeitig wie der blumige Charakter bei gewissen

jungen Weinen kommen auch die Fruchtaromen vor. Man spricht bei solchen Weinen von fruchtigen Weinen. Welch ein Wunder der Natur, in dem sich Blumen und Früchte auf so ideale Weise vereinen!

Ein Duft von Äpfeln – nicht zu verwechseln mit dem Apfelweingeschmack, der sich oft bei oxidierten Weinen einstellt – findet sich vor allem bei bestimmten weißen Burgundern und Weinen aus Savoyen. Auch junge Rotweine, die eine Kohlesäurengärung durchgemacht haben (die Primeurs), tragen oft Fruchtaromen: sie duften nach Bananen, Schwarzen Johannisbeeren, Himbeeren und Kirschen. Diese Aromen sind meist sehr flüchtig. Sie gehen bei den großen Weinen eine harmonische Verbindung mit weiter entwickelten Aromen ein. Bei den jungen Rotweinen finden sich auch oft die Düfte von kleinen Früchten wie Schwarze Johannisbeere, Himbeere, Erdbeere usw.

Die an Kräuter erinnernden Düfte mit grüner, frischer Nuance sind oft für bestimmte Rebsorten charakteristisch (zum Beispiel Cabernet-Sauvignon). Im fortgeschrittenen Alter erinnern diese Aromen an den würzigen Geschmack der Heuernte.

In reifen Weinen trifft man oft auf eher animalische Duftnoten.

Anis, Pfeffer und Zimt sind hingegen recht häufig bei eher jungen Weinen anzutreffen, normalerweise nach einer Kohlensäuregärung. Weniger häufig findet sich hier der Vanillegeschmack, der sich eher bei Weinen einstellt, die eine gewisse Zeit in Eichenfässern gelagert wurden.

Viel seltener sind die Trüffelaromen, die sich nur in wenigen ganz großen Flaschen ausfindig machen lassen.

Bei den animalischen Düften sind es vor allem der Moschusgeschmack, der Ambraduft, der Ledergeruch (nach altem oder neuem Leder), die vorherrschen, bevor das Aroma in einen Wildgeruch übergeht.

Einige Weine beherbergen sozusagen den ganzen Weinberg in ihrem Bukett. So halten sich manchmal Kräuterdüfte der Provence oder die Pinienwälder der Landes im Wein bis ins Glas des Weinliebhabers.

Natürlich kommen in unseren Weinen auch die Duftnoten von Trockenfrüchten vor. Man findet sie oft bei Weinen mit Oxidationsbukett oder bei solchen mit edelfaulen Trauben wie etwa den Vins Doux Naturels. Hier herrschen die Aromen von Pflaumen, von getrockneten Feigen, Baumnüssen, Haselnüssen, gerösteten Mandeln und anderen Röstaromen vor. Sie lassen uns teilhaben an der Großzügigkeit der Natur, die auf trockenen, der Sonne unbarmherzig ausgesetzten Böden dennoch eine Fülle von Früchten gedeihen läßt.

Wie riecht man die Aromen des Weins?

Die geruchsempfindliche Zone befindet sich beim Menschen im obersten Teil der Nasenhöhle. Die Geruchsmoleküle können auf zwei Arten zum Geruchsorgan vordringen: auf direktem Weg, das heißt, mit der Nase über dem Wein, und auf indirektem oder retronasalem Weg, wenn der Wein in den Mund genommen wird.

Beim Schlucken bewegt sich der Rachen und erzeugt einen Überdruck, so daß die flüchtigen Substanzen gegen die Nasenhöhle hinaufgedrückt werden: dies ist der indirekte, retronasale Weg der Duftaromen (Retroolfaktion).

Puristen unterscheiden zwischen »Düften« und »Gerüchen«, die auf direktem Weg zur Nasenhöhle gelangen, und »Aromen«, die über den Nasenrachenraum dorthin gelangen. Diese Unterscheidung wird aber in der Praxis nur selten gemacht; viel öfter hört man von den Degustatoren die Ausdrücke »Aroma in der Nase« und »Aroma im Mund«. Andere wiederum benutzen den Begriff »Aroma« eher für junge Weine und behalten sich das »Bukett« für die reifen Weine vor.

Die Identifizierung der Aromen geschieht bei der Sinnenprüfung in mehreren Schritten.

Erste Prüfung mit der Nase

Die Nase wird dicht über dem Glas gehalten, welches nicht geschwenkt werden darf.

Zweite Prüfung mit der Nase

Wiederum wird die Nase dicht über dem Glas gehalten; dieses wurde aber jetzt leicht geschwenkt, damit sich die flüchtigen Substanzen besser freisetzen können. Es empfiehlt sich, nach einer kurzen Pause diese zweite Geruchsprüfung nochmals zu wiederholen.

Danach wird ein Schluck Wein in den Mund genommen, um zur retronasalen Prüfung überzuleiten.

Das Erwärmen des Weins im Mund verändert den Ausdruck der schwersten flüchtigen Substanzen, so daß sie auf retronasalem Weg wahrgenommen werden können.

Erste Beurteilung

Dabei wird ein wenig Luft eingeatmet, um die Flüchtigkeit der Aromen zu begünstigen.

Zweite Beurteilung

Nachdem man den Wein hinuntergeschluckt oder ausgespuckt hat, bleibt oft ein intensives Aroma zurück, im Fachjargon »Länge« (oder »Abgang« oder »Schwanz«) genannt, die in Sekunden mit Hilfe der Maßeinheit »Caudalie« gemessen wird.

Zum Schluß riecht der Degustator noch einmal ins leere Glas hinein.

Das Vokabular bei der Geruchsprüfung

Was man wahrnimmt, ist nicht immer leicht zu beschreiben. Man muß folgende Nuancen genau beschreiben können:

1. Die Aromaintensität und die Dynamik des Geruchsstroms oder die Wahrnehmungsfreundlichkeit:
Nicht vorhandenes Aroma, stummes, schwaches, diskretes, kurzes, mittleres, starkes, intensives, mächtiges, langes, anhaltendes Aroma.

2. Die Aromaqualität:
Sie kann fein oder grob sein: reich, subtil (wenn mehrere Aromen zu einem Gemisch verschmelzen), oder aber banal, monoton.

3. Eventuell vorhandene typische Eigenschaften:
Rassig, typisch (wenn man sich auf eine Lage oder eine Rebsorte beziehen kann).

4. Die Art der wahrgenommenen Aromen:
Die Beschreibung sucht Analogien zu jenen Geruchseindrücken, die wir aus unserer Umwelt kennen. Jedermann hat einige Blumen-, Frucht- oder Gewürzaromen gespeichert.

Die große Vielfalt der Weinaromen veranlaßt uns zu einer faszinierenden Entdeckungsreise ins Reich der himmlischen Düfte.

Blumenartige Serie – blumige Aromen
Analogien zu: Akazie, Mandelbaum, Weißdorn, Geißblatt, Fenchel, Ginster, Geranium, Orangenbaum, Pfirsichbaum, Pelargonie, Apfelbaum, Rose, Holunder, Linde, Weinrebe, Eisenkraut, Veilchen...

Fruchtige Serie – fruchtige Aromen
Analogien zu: Bittermandel, Aprikose, Banane,
Schwarze Johannisbeere, Kirsche, Zitrone, Quitte,
Erdbeere, Himbeere, Passionsfrucht, Weichselkirsche,
Stachelbeere, Kirsche, Mango, Brombeere, Muskat-
traube, Paprika, Apfel, Granatapfel, Birne, Zwetschge,
Schlehe, Weinbeere...

Dörrobst-Serie – Aromen nach getrockneten Früchten
Analogien zu:
Mandeln, getrockneten Feigen, Haselnuß, Baumnuß,
Pflaume, getrockneten Weinbeeren, Rancio...

**Vegetabile Serie – vegetabile, krautige Aromen (»krau-
tig« kann manchmal auch negativ gemeint sein)**
Analogien zu:
Osterluzei, Champignon, Heu, Minze, Tabak, Kräuter-
tee, Trüffel...

Gewürzartige Serie – Gewürzaromen
Analogien zu: Anis, Zimt, Gewürznelke, Muskatnuß,
Ingwer, Pfeffer, Lakritze, Vanille...

**Serie der Brandgerüche – verkohlte, geröstete, ver-
welkte Aromen**
Analogien zu: gerösteten Mandeln, verkohltem Holz,
Kakao, Kaffee, Gummi, Karamel, Schokolade, geräu-
chert, teerig, geröstetem Brot, Feuerstein, gegrilltem
Fleisch, Tee...

Balsamische Serie – balsamische, harzige Aromen
Analogien zu: Harz, Kiefer...

Animalische Serie
Analogien zu: Ambra, Pelz, Wildbret, Moschus, Hasen-
bauch, Wild...

Verschiedene
(die folgenden *kursiven* Begriffe bezeichnen unerwünschte Aromen):
Analogien zu: *Weinstich*, *Essigstich*, Holzton, altem Holz, Vanille-Holz, Sandelholz, *ätherisch*, amylartig, (englische Drops, Banane), *Aceton, Milchsäure, Sauerkraut, Pferdestall, Phenol, schweflig, jodartig, Merkaptan, beißend, Hefe*, Ferment.

Spiel Nr. 3

Wie man sich seine Nase zunutze macht

Wir wollen die Aromen einiger Weine bestimmen, indem wir die üblichen Phasen einer Analyse durchlaufen. Für jede Phase notieren Sie sich bitte die Intensität, die Finesse, die Vielschichtigkeit, die Qualitätsmerkmale (blumig, gewürzartig…).

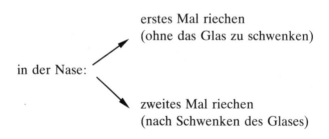

in der Nase:

erstes Mal riechen
(ohne das Glas zu schwenken)

zweites Mal riechen
(nach Schwenken des Glases)

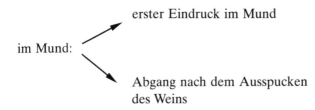

im Mund:
erster Eindruck im Mund

Abgang nach dem Ausspucken
des Weins

Nachdem man den restlichen Wein ausgeleert hat, kann
man zusätzlich am leeren Glas riechen.
Erste Serie: zwei verschiedene Weißweine,
Zweite Serie: drei verschiedene Rotweine.
Um ganz verschiedene Aromen schmecken zu können, nimmt man Weine aus verschiedenen Regionen,
zum Beispiel einen Wein aus dem Elsaß und einen aus
der Loire oder einen Bordeaux, einen Burgunder und
einen mediterranen Wein. Man kann auch Weine verschiedener Jahrgänge prüfen.

Übungen zum Speichern der Aromen
Man sollte keine Gelegenheit verpassen, um sich in
dieser Kunst zu üben. Jedes Mal, wenn Sie ein bestimmtes Aroma riechen, sollten Sie versuchen, seinen speziellen aromatischen Charakter im Gedächtnis zu speichern (zum Beispiel Fruchtsaft, Gewürze, parfümierte
Teesorten, Seifen, Parfüms...). In der Folge können Sie
dann die Funktionstüchtigkeit Ihres Aroma-Gedächt-
nisses in Blindtests prüfen; dazu beschaffen Sie sich zum
Beispiel mehrere verschiedene Fruchtsäfte (etwa Johan-
nisbeer schwarz und rot, Himbeer...) und bitten jeman-
den, Ihnen die Fruchtsäfte ohne weitere Erklärungen in
einem Glas zu präsentieren; dann versuchen Sie, die
Säfte mit geschlossenen Augen zu bestimmen.
Später können Sie diese Übung mit Cocktails wiederholen und ihre Zusammensetzung »erriechen«. Das ist

übrigens gar nicht so einfach! Ähnlich gute Übungsprojekte geben auch in Wasser eingelegte Kräuter und Gewürze ab (Lorbeer, Zimt, Muskatnuß, Minze...).

Versuchen Sie des weiteren beim Essen, die Gewürze in den servierten Gerichten festzustellen. Riechen Sie zuerst und fragen Sie erst, wenn Sie eine Vermutung haben. Stimmen Sie Ihr Gedächtnis, Ihren Gaumen und Ihren Magen aufeinander ab!

Sehr nützlich kann auch eine Aromasammlung sein, die man immer dann benutzt, wenn man sein Geruchsgedächtnis auffrischen will.

4. Die Harmonie im Mund

Damit sind einerseits die Geschmacksempfindungen, andererseits aber auch die haptischen Empfindungen, also der Tastsinn, angesprochen.

Die Geschmacksempfindungen

Sie werden in der Mundhöhle wahrgenommen.

Die Physiologen unterscheiden grundsätzlich vier elementare Geschmacksrichtungen, die den folgenden Begriffen entsprechen: süß, salzig, sauer, bitter.

Die verschiedenen Zungenpartien sind alle auf eine dieser vier Geschmacksrichtungen spezialisiert:

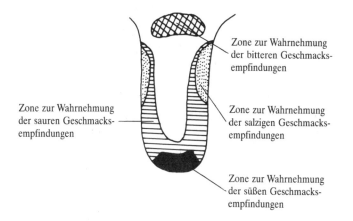

Zone zur Wahrnehmung der bitteren Geschmacksempfindungen

Zone zur Wahrnehmung der sauren Geschmacksempfindungen

Zone zur Wahrnehmung der salzigen Geschmacksempfindungen

Zone zur Wahrnehmung der süßen Geschmacksempfindungen

- **Süße Geschmackstönungen**

Sie sind beim Wein auf den darin enthaltenen Zucker, (süße Weißweine, Schaumweine…), den Alkohol, das Glycerin etc. zurückzuführen.

Die Süße macht den Wein *samtig* oder *mild* und macht sich zuvorderst auf der Zungenspitze bemerkbar. Ein Wein mit weniger als zwei Gramm Zucker pro Liter wird »trocken« genannt; am anderen Ende dieser Skala stehen die Süßweine, die noch eine ansehnliche Menge Restzucker enthalten.

Mit der Bezeichnung »mild« muß man vorsichtig umgehen, denn sie kann sowohl eine bestimmte Geschmacksrichtung ausdrücken (auch ein trockener Wein kann dank seinem Alkoholgehalt mild erscheinen) wie auch als Weintyp einen mittelmäßigen Zuckergehalt (also halbtrocken = eine Stufe zwischen trocken und süß) bezeichnen.

Vokabular zum Ausdrücken der Milde

Es ist stark an das Verhältnis zu den anderen Geschmacksstoffen im Wein gebunden. Verhält sich die Milde ausgewogen zur Säure und zum Tannin, spricht man von einem *weichen, runden* Wein, bei reichhaltigeren Weinen von *fett* oder *fleischig*.

Das Fehlen von Milde läßt die sauren, adstringierenden und bitteren Geschmackstöne überwiegen.

Vokabular zum Ausdrücken der Süße

Dies betrifft die süßen Weißweine, die Vins Doux Naturels sowie die Schaumweine. Die Bezeichnungen *Brut, Extra-Dry, Trocken (Sec), Halbtrocken (Demi-Sec)* und *Süß* beziehen sich auf die Schaumweine und geben

Auskunft über ihren Zuckergehalt: bei weniger als 15 g/l spricht man von einem Brut, bei mehr als 50 g/l von einem Süßen (Doux).

Dieselben Bezeichnungen sind auch für die Vins Doux Naturels gebräuchlich, jedoch bei unterschiedlicher Einstufung. Man spricht dort auch von *Süß* oder *Liquoreux,* um die Süße in Worte zu fassen.

• **Saure Geschmackstönungen**
Sie sind auf die verschiedenen organischen Säuren zurückzuführen, die im Wein enthalten sind (Weinsäure, Apfelsäure, Zitronen-Apfelsäure, Zitronensäure...).

Die verschiedenen Säuretypen hinterlassen auch unterschiedliche Säureempfindungen. So vermittelt die Apfelsäure etwas Frische, während die Weinsäure hart erscheint und die Essigsäure eher scharf.

Vokabular zum Ausdrücken der Säure
Das Vokabular steigert sich von *frisch* über *nervig* und *lebendig* bis zu *grün.*

Ein unharmonisches Verhältnis bei überwiegender Säure, das durch Tannin oder fehlende Milde noch akzentuiert wird, beschreibt man mit den Worten *sauer, hart, mager, rauh.*

Das gegenteilige Mißverhältnis nennt sich u. a. *matt* oder *flach.*

Die flüchtige Säure (Essigsäure) macht einen Wein *mager, trocken, ausgetrocknet* oder *hart.*

Die Säure wird von den seitlichen Zonen der Zunge, teilweise auch von den Schleimhäuten und vom Zahnfleisch wahrgenommen. Sie löst vermehrten Speichelfluß aus.

• **Salzige Geschmackstönungen**
Sie sind beim Wein nur relativ schwach wahrnehmbar.

- **Bittere Geschmackstönungen**

Sie entstehen durch gewisse, qualitativ mangelhafte Tannine.

Der bittere Geschmack ist jedoch nicht immer leicht wahrnehmbar, da die tanninbedingte Bitterkeit in einem sauren Milieu wie dem Wein weniger stark zum Tragen kommt.

Nicht alle Menschen reagieren gleich empfindlich auf die vier grundsätzlichen Geschmacksrichtungen. Die Essensgewohnheiten spielen dabei eine wichtige Rolle. Es ist ein Unterschied, ob jemand seinen Kaffee immer ohne Zucker trinkt, ob er unreife Früchte mag, ob er einen Ekel vor bitteren Geschmacksstoffen empfindet etc.

Geschmacks-tönungen	Im Wein enthaltene, dafür verantwort-liche Substanzen	Geeignete Produkte, um die entsprechende Geschmacks-empfindung zu trainieren
salzig	Mineralsalze	Kochsalz NaCl 3–5 g/l
mild, süß	Zuckerarten, Alkohol, Glycerin	Saccharose 5 g, 10 g, 20 g/l
sauer	organische Säuren	Zitronen- oder Weinsäure (1 g/1,2 g/l
bitter	bittere Tannine	Chininsalze 0,05 g/l schwefelsaures Chinin

Die haptischen Empfindungen

Die hauptsächlichen haptischen Empfindungen, also die Empfindungen, die wir mittels Tastsinn wahrnehmen, sind:

- **Die Adstringenz**

Sie wird durch das Tannin im Wein ausgelöst. Eine tanninhaltige Lösung bewirkt im Mund vermehrten Speichelfluß und den Eindruck von aufgerauhter Oberfläche.

Dieser adstringierende Eindruck wird von bestimmten Substanzen hervorgerufen, die unter anderem auch in rohen Artischocken oder Schlehen vorkommen.

Das Tannin (Gerbstoff) hat eine unmittelbare stimulierende Wirkung auf den Speichelfluß (Koagulation), und die Zunge bleibt danach noch eine Weile aufgerauht, eben »gegerbt«.

Vokabular zum Ausdrücken der Adstringenz

Wenn die Wahrnehmung des Tannins diskret ist, spricht man von einem *weichen, runden* Wein.

Ist das Tannin deutlich wahrnehmbar, wird jedoch durch eine gewisse Milde ausgewogen, spricht man von einem *körperreichen, kraftvollen, männlichen* oder *tanninreichen* Wein.

Überwiegt das Tannin oder wird es durch die Säure zu sehr unterstützt, spricht man von einem *festen, harten, rauhen, strengen* oder *kratzenden* Wein.

Natürlich darf man eine eventuell neben dem Tannin vorhandene bittere Geschmackstönung nicht mit Adstringenz verwechseln oder übergehen.

Was versteht man unter Tannin?

Tannine sind phenolische Substanzen, die auf der Haut, den Rappen und den Kernen der Trauben vorkommen. Sie sind vor allem in Rotweinen vorhanden und haben insbesondere Einfluß auf die Weinfarbe und die Geschmacksharmonie.

Die Weinverkoster unterscheiden zwischen edlen,

süßen, feinkörnigen, sauren, bitteren, rauhen, holzigen Tanninen.

● **Die Temperatur**
Der Mensch nimmt sie im ganzen Mundhöhlenbereich sowie am Zahnfleisch und an den Zähnen wahr.

● **Die Kohlensäure CO_2**
Sie prickelt auf der Zunge, bringt Frische und Säure und unterstützt die Aromen. Beim Wein unterscheidet man die Kohlensäurestufen *lebendig, perlend, prickelnd, crémant, mousseux...*
Hat ein Wein wenig Kohlensäure, spricht man, im Gegensatz zu den Schaumweinen, von einem Stillwein.

● **Die Flüssigkeitskonsistenz und der Grad der Dickflüssigkeit** spielen beim Wein eine wichtige Rolle. Einem allzu dünnflüssigen Wein fehlt es an Substanz. Ein Wein ist um so zähflüssiger, je mehr Alkohol und Zucker er enthält. Das Glycerin jedoch hat keinen Einfluß darauf. Die Dickflüssigkeit ihrerseits bestimmt, wie fett oder fleischig ein Wein ist.
Sie hängt von einem relativ hohen Alkoholgehalt und vom Glycerin ab und wird von einem harten Tannin wieder zunichte gemacht.

● **Die Vinosität**
Sie ist Ausdruck des Alkoholgehaltes im Wein. Der Alkohol führt verschiedene Arten von Empfindungen herbei. Wir haben seine Rolle schon im Abschnitt über die Milde kennengelernt.
Ist der Alkoholgrad zu hoch, wird er als *brennend* empfunden und hinterläßt ein Gefühl von Wärme.
Bei niedrigem Alkoholgehalt spricht man von *leichten, kleinen* oder *schwachen* Weinen.
Zwischen diesen beiden Extremen trägt der Alkohol

zur Kraft, zur Vinosität und zur Robustheit des Weins bei.

Vokabular zum Ausdrücken der Vinosität
In steigender Reihenfolge: *schwach, leicht, weinig, »generéux«, schwer, warm, brennend.*

Die verschiedenen Empfindungen im Mund stehen miteinander in Wechselwirkung
• Säure + Bitterkeit + Rauheit vereinen sich und werden durch die Milde ausgewogen. Auch zwischen dem Tannin und der Säure besteht eine Wechselwirkung. Ein Wein scheint weniger tanninreich oder sauer, wenn die Milde überwiegt.

1. Das Gleichgewicht zwischen Alkohol und Säure + dem Tannin.

2. Das Gleichgewicht eines süßen Weißweins.

3. Ungleichgewicht bei einem durch Überschuß an Säure und Tannin hart wirkenden Wein.

4. Ungleichgewicht bei einem weichen, flachen Wein.

(Al = Alkohol, Ac = Säure, T = Tannin, S = Zucker)

Der Einfluß der Temperatur auf die Ausgewogenheit des Geschmacks

Tiefe Temperaturen verstärken den Tanningeschmack, vermindern den Zuckergeschmack und neutralisieren den Alkoholgeschmack. Aus diesem Grund degustiert man tanninhaltige Rotweine nie bei niedrigen Temperaturen, während junge, weniger tanninreiche Weine (die Primeurs) tiefere Degustationstemperaturen vertragen. Aus denselben physiologischen Gründen verkostet man die sehr süßen Weißweine bei eher tiefer Temperatur, damit sie weniger pappig erscheinen und das Brennen des Alkohols reduziert wird.

Techniken der Degustation

Man nimmt eine kleine Menge Wein in den Mund, verlagert den Wein nach hinten, zieht ein wenig Luft ein und schwenkt den Wein dann auf der Zunge rundherum.

Beim ersten Eindruck (zwei bis drei Sekunden) nimmt der Eindruck von Milde und Süße zu.

Beim zweiten Eindruck (fünf bis zehn Sekunden) nimmt die Milde wieder ab und der saure Geschmackston nimmt zu.

Zuletzt (fünf bis mehr als zehn Sekunden) bleibt der

Säureeindruck bestehen, während gleichzeitig als letztes die bitteren Geschmacksnuancen auftreten.

Die Gesamtdauer des Geschmackseindrucks variiert übrigens je nach Wein, deshalb spricht man auch von »kurzen« oder »langen« Weinen.

Des weiteren kommen die Eindrücke des Volumens und der Körperreiche zum Spielen, die mit den Worten *klein, schwach* oder aber im Gegenteil *gehaltvoll, voluminös, voll* (»mit Stoff«) ausgedrückt werden.

Das Tannin, die Trockenextrakte und der Alkohol tragen zum Eindruck des Körpers bei.

Das Gleichgewicht der Geschmackstönungen bei Weiß- und Roséweinen

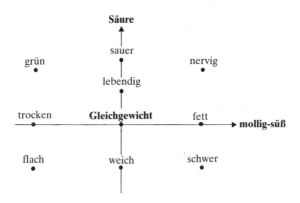

Kommentar zum Schema:
Weißweine haben so gut wie kein Tannin, so daß bei diesen Weinen die Empfindungen von Adstringenz und Bitterkeit hier nicht berücksichtigt werden. Wir beschränken uns deshalb auf die Geschmackstönungen der sauren und mollig-süßen Nuancen. Man sagt von den Weißweinen auch, daß sie zwei Dimensionen auf-

weisen. Das Vokabular, das bei Weißweinen gebraucht wird, finden Sie im obigen Schema. Ein Weißwein ohne wahrnehmbare Säure wird als »flach« bezeichnet, einer der Säure und Alkohol vermittelt, als »nervig« etc.

Das Gleichgewicht der Geschmackstönungen bei Rotweinen

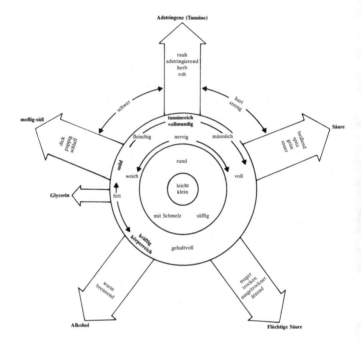

– Die Bezeichnungen für ein harmonisches Verhältnis der Geschmackstönungen befinden sich gegen das Zentrum des Schemas hin.

50

– Im kleinen Kreis befinden sich die Bezeichnungen für kleine Weine, im mittleren Kreis die für interessante Weine und im äußeren Kreis die für die ganz großen Weine.

– Zuäußerst, d. h. in den Pfeilen, befinden sich die Bezeichnungen für unharmonische Geschmackstönungen, die durch ein Übermaß, durch brennenden Alkoholgeschmack, durch Schwere bei zu großer mild-süßer Tönung, durch Härte bei zu viel Säure oder schlechten Böden etc. hervorgerufen wurden.

Spiel Nr. 4

Die Geschmackstests

Diese praktischen Übungen sollen Ihnen helfen, die verschiedenen Geschmacksempfindungen der vier Grundgeschmacksrichtungen zu lokalisieren und im Wein wahrnehmen zu können. Vorerst führen wir die Übungen aber mit Wasser durch.

Die süße Geschmacksrichtung

Man bereitet drei Gläser vor, von denen eines reines Wasser enthält, eines eine Lösung von 10 Gramm Kristallzucker auf einen Liter Wasser und das dritte ein Gemisch von Wasser und Alkohol (5% Alkohol von 90°).

Finden Sie heraus, auf welcher Zungenpartie der

süße Geschmack einerseits vom Zucker, andererseits vom Alkohol, jeweils am intensivsten wahrnehmbar ist.

Die saure Geschmacksrichtung

Auch hier brauchen wir wieder ein Glas mit reinem Wasser, dann eines mit einer Lösung von 1 Gramm Weinsäure auf einen Liter (in der Apotheke erhältlich); notfalls tun es aber auch einige Tropfen Zitronensaft.

Stellen Sie wieder fest, auf welchen Teil der Zunge der saure Geschmack einwirkt.

Die bittere Geschmacksrichtung

Man erlangt sie durch das Auflösen einer Chinintablette im Wasser.

Dann stellen Sie wiederum fest, auf welche Zungenpartie der bittere Geschmack wirkt.

Das Tannin erkennen

Es gibt ein önologisches Tannin, das Sie sich in einem Geschäft mit Weinkellerzubehör besorgen können. Stellen Sie davon eine Lösung von 5 Gramm auf einen Liter Wasser her. Notieren Sie nach dem Kosten Ihre Empfindungen.

Nachdem wir nun die verschiedenen Geschmacksrichtungen im Wasser analysiert haben, gehen wir zum Wein über.

Erster Test: Bereiten Sie zwei Gläser mit Rotwein vor. Eines ist Ihr Kontrollglas, in das andere geben Sie etwas Zucker (einige wenige Gramm auf einen Liter).

Die beiden Gläser präsentieren Sie und fragen Ihren Helfer, inwiefern sie sich voneinander unterscheiden. Nach dem Verkosten erklären Sie die Unterschiede.

Zweiter Test: Bereiten Sie wieder zwei Gläser mit Rotwein vor. Das eine dient als Kontrollglas, ins andere geben Sie etwas Tannin. Präsentieren Sie die beiden Gläser und fragen Sie Ihre Weinfreunde, worin sie sich unterscheiden. Erst danach verraten Sie, wodurch diese Unterschiede entstanden sind.

Dritter Test: Bereiten Sie zwei Gläser mit Rotwein vor; eines als Kontrollglas, das andere mit 1–2 Gramm Weinsäure auf einen Liter Wein. Präsentieren Sie die beiden Gläser Ihren Weinfreunden und fragen Sie, worin Sie sich unterscheiden. Danach geben Sie die Erklärung für die Unterschiede.

Vierter Test: Dieses Mal brauchen wir drei Gläser. Bereiten Sie zwei Proben mit Rotwein vor, das eine als Kontrollglas, während Sie ins andere gleichzeitig etwas Säure und etwas Tannin geben.

Dieses Mal präsentieren Sie aufs Mal drei anonyme Gläser mit Wein. Im ersten und im dritten Glas befindet sich der unverfälschte Kontrollwein, im zweiten Glas der von Ihnen manipulierte Wein.

Stellen Sie folgende Fragen an die Verkoster:
– In welchem Glas befindet sich der Wein, der sich von den beiden anderen unterscheidet?
– Inwiefern unterscheidet er sich von den anderen?

Erst nachdem sich die Verkoster geäußert haben, dürfen Sie des Rätsels Lösung preisgeben.

5. Wenn der Wein kränkelt

Krankheit oder Fehler – das ist manchmal keine leichte Frage. Es kann vorkommen, daß man durch einen ungewöhnlichen Geschmack eines Weins vor den Kopf gestoßen ist. Der Degustator muß dann entscheiden, ob es sich nur um einen Wein handelt, der zu typisch geraten ist (zum Beispiel wegen eines bestimmten Bodens oder Jahrgangs), oder ob der Wein einen echten Fehler aufweist, der ihn unakzeptabel macht. Diese Grenze zu ziehen, ist meist nicht einfach. So kann zum Beispiel ein Zuviel an Amylgeschmack (nach englischen Drops, Banane, Isoamylacetat) für den einen widerlich sein, während es jemand anderer als intensives, originelles Geschmackserlebnis wertet. In manchen Fällen gibt es aber kaum Zweifel, so etwa, wenn der Wein einen Essigstich aufweist, was eindeutig als negativ zu beurteilen ist. Man darf nie vergessen, daß der Wein ein Produkt ist, das immer wieder verschiedensten Krankheitserregern ausgesetzt ist. Zu den klassischen Veränderungen beim Wein gehören:
– bakterielle Veränderungen
– Veränderungen infolge Oxidation oder Reduktion
– Trübungen
– störende Fremdgerüche.

Bakterielle Veränderungen

Sie kommen meist in Form von »flüchtiger Säure« vor. (Unter »flüchtiger Säure« versteht man normalerweise die Essigsäure. Sie ist auf 0,90 Gramm Schwefelsäure pro Liter bei der Produktion und im Engroshandel limitiert, im Detailhandel auf 1 Gramm pro Liter.) Die Essigsäure gibt dem Wein eine gewisse Härte und unangenehme Säuerlichkeit. Der Geruch von Äthylacetat gleicht dem von Nagellack und ist für den herben, beißenden Geschmack verantwortlich. Man sagt dann auch, der Wein habe einen »Stich« oder Essigstich.

Bestimmte bakterielle Veränderungen rufen auch Trübungen oder manchmal Kohlensäureblasen hervor, wenn nochmals eine Gärung einsetzt.

Man unterscheidet die folgenden hauptsächlichen Veränderungen:
– Essigstich (hervorgerufen durch Bakterien, die unter Luftzufuhr aus dem Alkohol Essig machen)
– Milchsäurestich (hervorgerufen durch Bakterien, welche den Zucker angreifen)
– Umschlagen, Ölig- oder Zähwerden des Weins.

Durch peinliche Sauberkeit bei der Produktion kann man solche Fehler vermeiden.

Oxidative Veränderungen

Ein Wein, der zu lange mit Luft (also Sauerstoff) in Berührung gekommen ist, kann Schädigungen davontragen, er wird schlaff, was man aber unter Umständen wieder rückgängig machen kann, wenn man den Wein von der Luft abschließt. Es ist dies eine typische Flaschenkrankheit des Weins. Bei sehr intensivem Luftkontakt wird der Wein stumpf oder schal (mit einem Geschmack nach Dörrobst), später oxidiert oder made-

risiert er. Bei einigen bestimmten Weinen gilt diese
Veränderung nicht mehr als Fehler, so zum Beispiel bei
den natürlichen süßen Luxusweinen, bei denen oft eine
starke Oxidation erwünscht ist, damit sie den erwünsch-
ten Rancio-Geschmack annehmen. Diese Vorgänge
werden durch hohe Temperaturen unterstützt. Das
heißt, daß Weine im Normalfall in einem kühlen Raum
und liegend gelagert werden müssen.

Reduktive Veränderungen

Die Umkehrung der Oxidation ist die Reduktion; ein
Wein, der an Sauerstoffmangel leidet, kann Gerüche
nach Schwefelwasserstoff (wie ein faules Ei) entwickeln
oder gar solche nach Aminosäure (wie Geflügelkut-
teln).

Falls diese Gerüche nur leicht vorhanden sind, kann
man sie durch Sauerstoffzufuhr wieder vertreiben (das
heißt, man muß die Flasche dekantieren), andernfalls
läßt sich nicht viel machen. Ultraviolettes Licht kann
bei dieser Erscheinung eine ausschlaggebende Rolle
spielen; man spricht dann von einem »Lichtgeschmack«. Man sollte seinen Wein also möglichst in
dunklen Räumen lagern.

Trübungen

Durch bestimmte unausgewogene Verhältnisse (zu großer Einfluß von Metallen wie Eisen oder Kupfer) können sogenannte »Brüche« entstehen, das heißt, der
Wein wird trüb.

Ein solcher Wein ist schlecht zu verkosten und weist

geschmackliche Veränderungen auf. Anders verhält es sich, wenn sich im Laufe der Zeit und unter Einfluß von Kälte Farbstoffe lösen, oder wenn sich der Weinstein in kleinen Kristallen absetzt. Diese Depots verändern den Geschmack des Weins nicht.

Unangenehme Fremdgerüche

Darunter fallen zum Beispiel die fauligen Gerüche nach einer schlechten, von Schimmel befallenen Ernte (an Jod oder Phenol erinnernde Gerüche).

Dies ist nicht zu verwechseln mit Edelfäule, durch die besonders kostbare, süße Weine entstehen. (Edelfäule wird durch den Pilz Botrytis Cinerea ausgelöst, der auf den Beerenschalen sitzt und den Traubensaft besonders süß und konzentriert werden läßt. Die daraus gewonnenen Weine sind stark alkoholhaltig, süß, schwer und sehr aromatisch. Weine aus edelfaulen Beeren werden vor allem in Sauternes erzeugt, wobei die Trauben sozusagen Beere um Beere je nach ihrem Zustand gelesen werden.)

Ein ungeeignete Umgebung (Pharmaindustrie, Teer), fehlerhafte Vinifikation (zu viel Schwefel, Fehler bei der Filtration) oder schlechte Ausbau- und Gärbehälter (Plastikgeruch, Schimmelgeruch, Metallgeruch, Fäulnisgeruch) können der Grund für die verschiedensten Geruchsfehler im Wein sein.

Der berüchtigte Korkengeschmack entwickelt sich entweder, weil der Kork an sich schlecht ist oder weil der Zapfen mit Schimmelpilz befallen ist. Andere Fehler rühren direkt vom Verkorken her: undichte Flaschen, weil der Korken undicht ist (kleine Löcher oder fehlerhafte Einbuchtung), Korkwürmer, die ihre Gänge quer durch den Korken bohren.

Spiel Nr. 5

Begründen Sie Ihre Grimasse

Jetzt wollen wir versuchen, uns mit einigen schlechten Fremdgerüchen vertraut zu machen, denen man beim Weinverkosten begegnen kann.

Die folgende Degustationsübung ist aus naheliegenden Gründen die unangenehmste, aber um sich die paar klassischen Geschmacksfehler beim Wein auf alle Zeiten einprägen zu können, ist sie leider unumgänglich.

• Essigstich

Es ist relativ einfach, sich den Essigstich einzuprägen, denn dazu genügt es, daß man einige Tropfen Essig in ein Glas Wein gibt. Man kann die Übung vervollständigen, indem man mit zunehmenden Essigbeigaben arbeitet, bis man den jeweiligen Unterschied herausschmeckt. Dazu macht man am besten eine Dreiecksprobe wie bei den Geschmacksübungen. Dadurch läßt sich feststellen, wer von den Degustatoren am sensibelsten auf Essigstich reagiert. Für weniger empfindliche Gaumen muß man die Dosis erhöhen, damit sie den Unterschied herausspüren.

• Oxidierter oder »schaler« Wein

Einige Tage vor dem Degustieren leert man eine Flasche Wein bis auf etwa ein Drittel des Inhalts, während man eine andere voll läßt. Vor der Durchführung des Tests sollte man sich vergewissern, daß die offene Flasche keinen Essigstich aufweist. Ist das doch der Fall, muß man mit den Vorbereitungen von vorne anfangen, denn das Ziel der Prüfung ist ja das Herausschmecken des schalen Geschmacks. Sind die Vorbereitungen gelungen, vergleicht man mit einer Dreiecksprobe den Wein, der soeben entkorkt wurde mit jenem, der einige Tage vorher geöffnet wurde.

• Überschuß an Schwefelanhydrid

Während man diesem Fehler früher häufig bei bestimmten Weißweinen begegnete, ist er heute zum Glück eher selten anzutreffen. Um den Geschmack von Schwefelanhydrid zu erkennen lernen, schüttet man einige Tropfen davon in den Wein. Die entsprechende Lösung ist in Geschäften mit Kellerzubehör erhältlich.

• Korkgeschmack

Eine Flasche mit Korkgeschmack ist etwas, was man hie und da antrifft. Sie sollten eine solche Flasche Wein sorgfältig aufbewahren, um sie bei Gelegenheit mit Ihren Degustationsfreunden zu verkosten, damit ihnen der unangenehme Geschmack für immer im Gedächtnis bleibt.

6. Die Sinnenprüfung

Das Degustationsblatt

Wir haben gesehen, wie die verschiedenen Reize bei der Sinnenprüfung zum Tragen kommen. Jetzt geht es darum, das, was man empfunden hat, in Worten auszudrücken.

Das ist gar nicht so einfach, und die Erfahrung zeigt, daß einem beim »Kommentieren« eines Weins oft die richtigen Worte fehlen – mit anderen Worten: man kann seine Wahrnehmungen nicht ausdrücken.

In dieser Hinsicht sind vielleicht folgende Ratschläge eine kleine Hilfe:

– Man sollte immer einem bestimmten Schema folgen: man beginnt mit der optischen Prüfung, geht dann zur Geruchsprüfung und zur Geschmacksprüfung über, analysiert zuerst die Aromen, dann die Geschmackstönungen, den Abgang.

– Man muß in jeder einzelnen Phase der Degustation eine Beschreibung des Wahrgenommenen vornehmen, das heißt, man sollte sich diese Bemerkungen unbedingt schriftlich notieren, denn erst dadurch kann man möglichst viele Eindrücke festhalten.

Deshalb gibt es auch die vorgedruckten Degustationsblätter, die einem die Routinearbeit bei der Sinnenprüfung erleichtern.

Der Verkoster kann auf diese Weise ungestört auf sein Innerstes horchen und sich zum Schluß beim Durchlesen der Notizen anhand der aufgeschriebenen Details ein Gesamtbild des verkosteten Weins machen.

Außerdem dient das Degustationsblatt als Unterlage, wenn der Verkoster denselben Wein einige Jahre später nochmals degustiert.

Es existieren viele verschiedenartige Degustationsblätter.

Einige sind nach einem Punktesystem mit komplizierten Koeffizienten angelegt; ich glaube, daß solche Formulare außer für den Vergleich von Weinen desselben Typs nicht sehr sinnvoll sind. Meiner Meinung nach setzt sich die Bewertung, die man einem Wein gibt, aus dem Gesamteindruck zusammen und nicht aus der Summe einzelner Punktezahlen, die man den verschiedenen Wahrnehmungen verliehen hat. Bei einem Wein mit elegantem Bukett zum Beispiel scheint es mir wenig sinnvoll, eine mathematische Berechnung anzustellen, um herauszufinden, in welchem Maße die bei der Geruchsprüfung gesammelten Punkte die schlechte Note bei der Geschmacksprüfung kompensieren. Von einem solchen Wein würde ich viel eher sagen, daß er aufgrund meines Gesamteindrucks höchstens passabel bis mittelmäßig ist.

Andererseits ist es vernünftig, wenn man sich genau notieren kann, in welchem Entwicklungsstadium sich ein Wein befindet und wie er beim Servieren am besten zur Geltung kommt, also bei welcher Temperatur, zu welcher Tageszeit, zu welchem Gericht. Eine solche Analyse führt uns wieder einmal deutlich vor Augen, daß der Wein etwas Lebendiges ist, das sich je nach Umgebungssituation verändert.

Degustationsformular

Datum der   Stunde   Ort
Degustation

Degustator   Degustierter Wein

Name . . . .   Typ . . . .
Alter . . . .   Herkunft . . . .
Geschlecht . . . .
Beruf . . . .   Jahrgang . . . .

Optische Prüfung:
Erscheinungsbild . . . .
Farbe . . . .
Schlußfolgerung . . . .

Geruchsprüfung:
Intensität . . . .   • Erster Eindruck . . . . .
                            • Zweiter Eindruck . . . .
Finesse . . . .
Komplexität . . . .
Charakter . . . .
Analogien . . . .
Schlußfolgerung . . . .
. . . .

Geschmacksprüfung:
Aromen
Intensität . . . .
Dauer . . . .
Finesse . . . .
Komplexität . . . .

Charakter . . . .

Analogien . . . .

Schlußfolgerung . . . .

. . . .

Geschmackstönungen

Milde (moelleux) . . . .

Säure . . . .

Bitterkeit . . . .

Haptische Empfindungen:

Schlußfolgerung/Gleichgewicht im Mund . . . .

. . . .

Schlußfolgerungen

Entwicklung des Weins bis heute . . . .

Entwicklung des Weins in der Zukunft . . . .

Servierempfehlung

– Temperatur: . . . .

– passend zu: . . . .

Degustationskommentar am Beispiel eines Rotweins

Kleid kräftig rubinrot, schöne Brillanz.

Beim ersten Geruchseindruck diskretes, reines Aroma nach ausgereiften roten kleinen Früchten... schwarze Kirschen, Knospen von Schwarzen Johannisbeeren.

Nach Schwenken des Glases entwickelt sich eine würzige Note mit einem Tupfer Süßholz.

Im Mund herrscht ein gutes Gleichgewicht aus dominierender Milde, diskreter Säure, gut wahrnehmbarem und gleichzeitig sehr feinkörnigem Tannin vor. Hinterlassener Eindruck fleischig, aber mit leicht bitterem Unterton im Abgang.

Die Aromen im Mund gehören demselben Typus an wie die bei der direkten Geruchsprüfung, allerdings mit ausgeprägterer würziger Note, vor allem nach Pfeffer. Die aromatische Dauer ist mittelmäßig, wobei die leichte Bitterkeit aus dem Tannin die Qualität der Aromen ein wenig beeinträchtigt.

Der Wein hinterläßt einen Eindruck von jugendlicher Frische und kann dank seiner aromatischen Qualitäten und der Feinheit des Tannins ziemlich jung getrunken werden, andererseits eignet er sich dank seines soliden Gerüsts auch zur Lagerung.

Am besten bei 15–16° Celsius zu servieren, zu rotem, gegrilltem Fleisch oder auch zu Fleisch mit Sauce.

Bei diesem Wein handelt es sich um einen Côtes du Roussillon 1982, der im Mai 1984 verkostet wurde.

Resultatanalyse

Es gibt verschiedene Arten von Degustation, die man je nach gewünschtem Ziel einsetzen kann. Wir wollen uns hier auf drei Arten beschränken: Vergleichsprobe, Präferenzprobe und Beurteilungsprobe.

Die vergleichenden Prüfungen

Vergleichsprobe

Dabei werden die zur Verkostung angebotenen Weine mit einem oder mehreren anderen Weinen verglichen.

Diese Prüfung wird oft eingesetzt bei Experimenten (zum Beispiel bei der Vinifikation, wenn zwei Weine mit unterschiedlicher Technologie ausgebaut wurden, wenn man nach einer Stabilisierungsbehandlung sucht, wenn man den Einfluß eines neuen önologischen Materials prüfen will...).

- **Die Unterscheidungstests**
Bei diesen Tests spielt der Wahrscheinlichkeitsfaktor eine Rolle, der die Fehleinschätzungen quantifiziert. Normalerweise ist eine Fehlerquote von 5% erlaubt (P 5%). Bei dieser Art Prüfung sollten die Verkoster eine etwa gleich erfahrene, homogene Gruppe sein, um zu viele Zufallsübereinstimmungen zu vermeiden.

Der Duo-Trio-Test

Prinzip: Zwei Probemuster – A und B – sind nach einer zufällig ausgelosten Reihenfolge miteinander zu vergleichen, während ein Kontrollglas als Referenz – R – gilt und mit A oder B identisch ist.

Frage: Welches Probemuster unterscheidet sich von R? Oder anders gesagt – was stimmt: R = A oder R = B?

Anmerkung: Natürlich kann dieser Test nur zur Anwendung gelangen, wenn A und B denselben Gesamtaspekt haben.

Damit der Unterschied zwischen zwei Probemustern

statistisch signifikant ist, braucht es eine bestimmte Anzahl identischer Antworten. Die Statistik *Duo-Trio* gibt die Anzahl der erforderlichen korrekten Antworten in Abhängigkeit der Anzahl Degustatoren und mit Rücksicht auf die Fehlerquote an, die man für die Signifikanz des Tests miteinbeziehen muß (5%, 1%...).

Für diesen Test braucht es mindestens sechs Verkoster, wenn man eine Fehlerquote von 5% in Kauf nimmt und mindestens acht Verkoster, wenn man eine Fehlerquote von 1% in Kauf nimmt. Falls man nicht genügend Verkoster auftreiben kann, erfüllt die Wiederholung des Tests einen ähnlichen Zweck. Dabei ist zu beachten, daß man bei jeder Wiederholung die Reihenfolge nach dem Zufallsprinzip auslost.

Beispiel: Man will zwei Weine miteinander vergleichen, der eine wurde behandelt, der andere nicht. Man stellt nun die Frage nach den Folgen der Behandlung für die Degustation (s. auch im Anhang).

Insgesamt 15 Degustatoren geben mit dem Duo-Trio-Test elf richtige Antworten. Die Statistik meint dazu:

Anzahl Degustatoren	P 5%	P 1%
15	11	13

Die Anzahl der richtigen Antworten ist also bei elf zu niedrig, um statistisch signifikant zu sein. Daraus darf man aber natürlich nicht einfach schließen, daß demnach zwischen den Mustern kein Unterschied besteht!

Hätten die Verkoster statt elf *zwölf* richtige Antworten gegeben, hätte man daraus schließen können, daß die Behandlung des Weins bei dieser Degustation mit einer Fehlerquote von 5% erkannt wurde.

Die Dreiecksprobe

Prinzip: 3 Probemuster – A, B und C – werden präsen-

tiert, wovon zwei identisch sind. Die Reihenfolge der Weinmuster wird immer nach dem Zufallsprinzip ausgelost.

Der Verkoster weiß, daß zwei der Muster identisch sind und soll das davon abweichende Muster identifizieren.

Die Anzahl der richtigen Antworten muß mindestens so hoch sein wie in der entsprechenden Statistik angegeben.

Dieser Test funktioniert auch mit einer kleineren Anzahl Degustatoren. Er hat zum Ziel, eher grobe Unterschiede festzustellen, die schon von einer kleinen Anzahl erfahrener Degustatoren eindeutig ausgemacht werden können.

Beispiel: Man will zwei verschiedene Ausbautechniken vergleichen, die man in derselben Ernte angewandt hat. Für jede Ausbautechnik wird ein Muster entnommen. Eines der beiden Muster wird doppelt präsentiert. Fünfzehn Verkoster führen nun eine Dreiecksprüfung durch und müssen zwölf richtige Antworten geben.

Die Statistik der Dreiecksprobe meint dazu:

Anzahl Degustatoren	P 5%	P 1%
15	9	10

Daraus läßt sich schließen, daß diese Prüfung eine hohe Trefferquote aufweist und daß der Unterschied aufgrund der unterschiedlichen Ausbautechnik sogar bei einem Fehlerquotienten von 1% signifikant feststellbar ist.

Es gibt noch andere Verfahren, die als Unterscheidungstest Verwendung finden, zum Beispiel die

Methode Kramer oder verschiedene Punktesysteme. Wir haben hier aber nur die geläufigsten und einfachsten Verfahren erwähnt.

So gibt es zum Beispiel noch eine Zweierprobe (es werden nur A und B präsentiert und miteinander verglichen), die meines Erachtens nicht viel taugt, da der Verkoster überzeugt ist, die beiden Probemuster seien verschieden und sie dann schon aufgrund dieser Überzeugung verschieden findet.

Präferenzprobe

Sie besteht darin, daß man ein Probemuster mit einem anderen vergleicht oder Weine unter sich oder in bezug auf ein Kontrollglas klassifiziert.

Auch diese Tests berufen sich auf die Wahrscheinlichkeitsberechnung und die folgenden Faktoren:
– Anzahl Weinmuster
– Anzahl wiederholter Wahrnehmungen, das heißt, Anzahl der Degustatoren
– Erlaubte Fehlerquote

• Die Präferenztests
Für diese Art Prüfung braucht es wiederum mehrere Degustatoren, die zwar nicht so erfahren sein müssen wie bei den Unterscheidungsprüfungen, die jedoch eine sehr homogene Gruppe bilden müssen.

Von den unzähligen verschiedenen Testverfahren will ich Ihnen hier zwei vorstellen: die Zweierprobe und die Klassifizierungsmethode nach Kramer.

a) Die Zweierprobe
Es werden die beiden Probemuster A und B präsentiert – welche ist besser? Für jeden Verkoster wird die Reihenfolge nach dem Zufallsprinzip ausgelost.

Die statistische Auswertung erfolgt auf dieselbe Weise wie beim Duo-Trio-Test.

Man vergleicht die Anzahl Antworten mit der angegebenen Anzahl auf der entsprechenden Statistik.

b) Der Kramer-Test oder Klassifizierungstest

Der Test arbeitet mit verschiedenen Probemustern: E 1, E 2, E 3, E 4. Die Reihenfolge der Präsentation wird wiederum nach dem Zufallsprinzip ausgelost.

Die Verkoster klassifizieren die Muster in hierarchischer Reihenfolge: 1., 2., ...; bei jedem Muster schaut man sich anschließend die Klassifizierungs-Endsumme an.

Diese Endsumme setzt sich aus den einzelnen Rängen zusammen, die man einem Muster verliehen hat. Wurde zum Beispiel ein Weinmuster von fünf Verkostern folgendermaßen klassifiziert: 2., 4., 1., 3., 2. berechnet sich die Endsumme $2 + 4 + 1 + 3 + 2 = 12$.

Dann vergleicht man die Endsumme aller Probemuster miteinander. Die beste Probe ist natürlich diejenige mit der niedrigsten Zahl.

Die Testtafel nach Kramer gibt ein Schema zur Definition von drei verschiedenen Klassen von Weinmustern an, das sich mit Rücksicht auf die Anzahl Degustatoren, die Anzahl Weinmuster und den erlaubten Fehlerquotienten (5% oder 1%) definiert. Die drei Klassen werden folgendermaßen aufgeteilt:

1. Die besten Muster sind jene, deren Endsumme niedriger ist als die unterste Ziffer im Schema der Testtafel.
2. Mittelmäßig sind jene Weine, deren Endsumme sich innerhalb der beiden Begrenzungen im Schema bewegt.
3. Die schlechtesten Muster sind jene, deren Endsumme die oberste Begrenzung im Schema der Testtafel übersteigt.

Auf der anderen Seite werden die angegebenen Limiten bei folgenden Vorgaben verschieden ausgelegt:

1. Bei einer vorher nicht festgelegten Behandlung (man beurteilt die Muster unter sich): obere Limite der Kramer-Testtafel.

2. Bei einer vorher festgelegten Behandlung (man beurteilt ein bestimmtes Muster in bezug auf die anderen Probemuster): untere Limite der Kramer-Testtafel.

Anmerkung: Der Kramer-Test ergibt lediglich eine grobe Klassifizierung in drei Gruppen, ohne jeglichen Hinweis auf Präferenzen innerhalb einer Gruppe.

Beispiel: Fünf Weine sind zu beurteilen (A, B, C, D, E); die Jury besteht aus 15 Degustatoren. Die Klassifizierungs-Endsumme ergibt folgende Zahlen:

E = 28, A = 33, D = 40, B = 60, C = 64.

Die Kramer-Testtafel (s. Anhang) gibt für eine vorher nicht festgelegte Behandlung folgendes Schema an:

15 Degustatoren, 5 Weine; Fehlerquotient 0,05.

Das Schema setzt eine Limite zwischen 32 und 58 (obere Linie).

Daraus läßt sich folgendes schließen:

Die Weine werden in drei Gruppen klassifiziert, die sich durch die Werte 32 und 58 unterscheiden.

1. Gruppe E	2. Gruppe A, D	3. Gruppe B, C
32	58	

- E ist der beste Wein.
- A und D sind die Zweitklassierten. In dieser Prüfung unterscheiden sich A und D nicht statistisch signifikant voneinander.
- B und C sind die schlechtesten Probemuster. Auch sie unterscheiden sich in dieser Prüfung nicht statistisch signifikant voneinander.

Kritik:
Aus den Positionen A und D ergibt sich keinerlei statistische Aussage, obwohl sie einen erheblichen Rangunterschied aufweisen.

Anmerkung: Diese hierarchische Klassifizierung ist zwar einfach und praktisch, erlaubt aber keine differenzierte, vergleichende Analyse zwischen den Mustern. Auch die Größe der Unterschiede zwischen den einzelnen Mustern geht nicht daraus hervor. Wenn man drei Probemuster A, B und C in dieser Reihenfolge klassifiziert, sind mehrere Kombinationen möglich:

A sehr gut	B gut	C schlecht
A sehr gut	B schlecht	C sehr schlecht,
		etc.

Zur Definition der Qualität

Wir haben jetzt soeben gelernt, wie man einen Wein gemäß den Sinnesreizen, die er auslöst, analysieren kann. Die Qualität eines Weins setzt sich aus der harmonischen Vereinigung der gesamten organoleptischen Eindrücke zusammen, die im Laufe der Sinnenprüfung entstanden sind. Die Sinnenprüfung vermittelt daneben auch echtes Vergnügen mit einer Portion Subjektivität.

Es gibt aber verschiedene Weintypen (rot, Rosé, weiß, moussierend...), und für jeden Typus gibt es verbindliche qualitative Anforderungen, die man kennen muß. Auch für die Weine der Appellation d'Origine Contrôlée hat man bestimmte organoleptische Charaktereigenschaften festgelegt, die sie erfüllen müssen, wenn sie in diese Kategorie aufgenommen werden wollen. So können zum Beispiel ein »Beaujolais« und ein »Bordeaux« dieselben Qualitäten aufweisen, die man ihnen innerhalb ihrer Appellation zugestanden hat, während sie sich im *Charakter* grundlegend voneinander unterscheiden. Aus diesem Grund muß dem Urteil (gut, mittelmäßig, schlecht) notgedrungen die Appellation folgen, denn auch der beste Beaujolais würde unter dem Etikett eines Bordeaux schlecht abschneiden und umgekehrt.

Qualitätsmerkmale einiger Weintypen

	Trockene Weißweine	Roséweine	Jung zu trinkende Rotweine	Tanninhaltige Rotweine	
				zum Lagern	Reif
Farbe	ziemlich klar, manchmal mit grüner Nuance	klares Rosa oder kräftiges Gris	reines Rot, mehr oder weniger kräftig, ohne Gelbton	Dunkelrot, Granatrot, ohne orange Reflexe	bräunliches Rot mit orangen Reflexen
Aroma	blumig	blumig, fruchtig	fruchtig, manchmal würzig	reife Früchte, Vanille (bei holzbetonten Aromen)	Bukett: gekochte Früchte, Leder, Wildbret
Geschmackstöne	trocken, nervig, grün	trocken, nervig, geschmeidig	mit Schmelz, süffig, geschmeidig, rund	gehaltvoll, fleischig, kräftig, fett	warm, mit Schmelz, Tannin geschmeidig, aber wahrnehmbar
zu vermeidende Fehler	schlaff, flach	schlaff, flach	unzugänglich, säuerlich, sauer	rauh, streng, hart	ohne Fleisch ausgetrocknet

Diese Kriterien sollen lediglich richtungsweisend sein. Bestimmte Appellations können – oft als Sondererzeugnis – von anderen organoleptischen Charakteristika und Gleichgewichts-Verhältnissen geprägt sein (zum Beispiel die Farbbezeichnung »zwiebelschalenfarbig« für bestimmte Roséweine oder ein mehr von Säure geprägtes Gleichgewicht bei gewissen roten Primeurweinen, etc.).

Spiel Nr. 6

Nehmen Sie das Glas in eine Hand, den Bleistift in die andere

Schriftliche Degustationsnotizen

Präsentieren Sie Ihren Degustationsfreunden vier verschiedene Weine gleichzeitig mit je einem Degustationsblatt.

Diesmal wollen wir keine mündlichen Kommentare hören. Jeder Verkoster füllt sein Formular still für sich aus. Am Schluß der Übung vergleicht man die vier verschiedenen Blätter. Man notiert sich dabei die übereinstimmenden Wahrnehmungen und bespricht die abweichenden Meinungen. Danach versucht man, zusammen ein einziges Degustationsblatt in einer Art Synthese auszufüllen, um zum Schluß die verschiedenen »Wahrnehmungsgeräte« (also die Degustatoren!) zu vereinen.

Im Wein lesen

Bewahren Sie diese Degustationsblätter sowie die Angaben zu den Weinen, die bei dieser Degustation präsentiert wurden, sorgfältig auf.

Geben Sie nun bei einer zweiten Übung anderen Verkostern diese Degustationsblätter und dieselben Weine anonym zur Prüfung und bitten Sie sie, sich ebenfalls schriftliche Notizen zu machen. Man kann aber auch einige Wochen nach der ersten Übung dasselbe mit den ursprünglichen Degustatoren wiederholen... Auf diese Weise können Sie einerseits die Gültigkeit der niedergeschriebenen Wahrnehmungen und andererseits die »Linientreue« jedes Verkosters überprüfen.

7. Das Umfeld der Weinrebe

Im Wein widerspiegelt sich das geologische, klimatische, genetische, technologische und menschliche Umfeld.

Der Boden

Der Boden nährt natürlich die Pflanze. Das heißt aber nicht, daß aus derselben Rebsorte immer derselbe Wein entsteht, ungeachtet des Bodens, auf dem die Rebe gewachsen ist.

Es gibt Unterschiede im Ertrag (der zwischen 20 hl und 400 hl pro Hektar liegen kann), die direkt auf die unterschiedliche organische Reichhaltigkeit des Bodens zurückzuführen sind, es gibt aber auch Unterschiede im Wasserhaushalt eines Bodens oder in der Gesteinsbeschaffenheit. Weine, die aus sehr ertragreichen Reben erzeugt werden, gehören nie zu den ganz großen, alten Weinen. Sie können zwar mehr oder weniger Charakter haben, aber langlebig sind sie nie.

Zu feuchte Böden verzögern das Reifen der Trauben und eignen sich demnach nicht für Weine mit hohem Alkoholgehalt. Die organoleptischen Eigenschaften eines Weins sind je nachdem, ob er auf kalk-, schiefer- oder granithaltigem Boden gewachsen ist, verschieden. Dadurch erklärt sich auch der Begriff der Herkunftsbezeichnung (Appellation contrôlée), die eng an den Charakter eines bestimmten Bodens gebunden ist.

Im Burgund genügen manchmal ein paar wenige Meter Distanz zwischen zwei Lagen, um einen vollkommen unterschiedlichen Boden zu haben, der wiederum vollkommen unterschiedliche Weine hervorbringen wird.

Das Klima

Das Klima ist natürlich je nach geografischer Lage und (Jahres-)Zeit verschieden.

Im Hinblick auf die geografische Lage trägt man dieser Tatsache wiederum mit der Herkunftsbezeichnung Rechnung.

Ein warmes Klima eignet sich besonders zur Erzeugung von tanninhaltigen und intensiv gefärbten Rotweinen, ein frisches Klima eher zur Erzeugung von Weißweinen und ein besonders trockenes Klima zur Erzeugung von Weinen mit besonders hohem Alkoholgehalt.

Die Trockenzuckerung (Chaptalisation) ermöglicht in manchen Regionen Frankreichs den künstlichen Ausgleich eines klimatisch bedingten (zu wenig Sonnenbestrahlung, zu kalt) Zuckermangels in den Trauben. Auch der Wind spielt eine sehr wichtige Rolle – so beschleunigen etwa der Mistral oder der Tramontane die Reifung der Trauben.

Im Laufe der Zeit variiert das Klima natürlich auch von Jahr zu Jahr. Kein Wein ist genau wie der andere, sondern stellt immer ein spezifisches Produkt seines Jahrgangs dar.

Die Rebsorte

Die Weinrebe gehört zur Familie der Rebengewächse und zur Gattung Vitis.

Nur die Art Vitis Vinifera bringt Varietäten hervor, die sich zum Anbau von Qualitätsweinen eignen. Die amerikanischen Arten Vitis Rupestris, Riparia... sind ausschließlich zur Unterlagenzüchtung geeignet, da sie gegen den Schädling Phylloxera resistent sind. Die Phylloxeraplage Ende des letzten Jahrhunderts machte die Unterlagenzüchtung auch von solchen Varietäten unabdingbar, die früher als eigenständige Pflanzen gezogen wurden.

Die Art Vitis Vinifera bringt eine riesige Anzahl von Rebsorten hervor. Es gibt Trauben mit »weißer Haut« (Chardonnay), andere mit »dunkler Haut« (Cabernet Sauvignon), wieder andere mit »rosa Haut« (Gewürztraminer). Gewisse Traubensorten gibt es in verschiedenen Farben, so zum Beispiel die Grenache, die eine dunkle, »graue« oder weiße Haut haben kann (Grenache noire, grise und blanche).

Sogenannte Färbertrauben haben nicht nur in der Beerenschale Farbstoffe, sondern auch im Fleisch (zum Beispiel Alicante Bouschet).

Es gibt frühreife Traubensorten (zum Beispiel Gamay) und spätreife (zum Beispiel Mourvèdre), die ein warmes, sonnenreiches Klima brauchen, damit die Trauben überhaupt reifen können.

Jede Rebsorte erzeugt einen besonderen Weintyp. So haben zum Beispiel Muskatellertrauben ein sehr charakteristisches Aroma, das sowohl in der Traube wie im Wein deutlich vorhanden ist.

Auch die Syrah hat einen ganz besonderen aromatischen Charakter, ebenso die Cabernet-Sauvignon, wichtigste Traubensorte im Médoc, die aber heute auch sonst fast überall auf der Welt angebaut wird.

Es gibt Weine, die aus einer einzigen Rebsorte erzeugt werden: die großen weißen (Chardonnay) und roten (Pinot Noir) Burgunder, die Weine aus dem Elsaß (Riesling, Sylvaner...) oder der Beaujolais (Gamay).

Wenn ein Wein aus einer einzigen Rebsorte erzeugt wird, kann der Name der Rebsorte auf dem Flaschenetikett vermerkt sein. Viel öfter stammt aber ein Wein aus einer harmonischen Mischung verschiedener Rebsorten, die alle ein bestimmtes Merkmal zum Endprodukt beitragen: etwa die Robustheit aus der Carignan-Rebe, das fruchtige, vollmundige Aroma aus der Grenache, die Finesse aus der Cinsault.

Der Einfluß des Menschen

• auf die Rebe
Die Kletterpflanze, die wir Rebe nennen, wird von menschlicher Hand gezogen und kultiviert. Durch das Vorgehen bei der Düngung, beim Schnitt, beim Anbau (Stammhöhe, Pflanzdichte), durch das Lesedatum und anderes mehr wird die Qualität der Trauben und schließlich des Weins nachhaltig beeinflußt.

• im Keller
Der Wein entsteht durch ein biologisches Phänomen, nämlich die Vergärung des Zuckers zu Alkohol. Durch den Einfluß der Hefepilze verwandelt sich der in der Traube enthaltene Zucker unter Freisetzung von Kohlensäure in Alkohol. Es gibt eine Vielzahl von natürlichen Hefepilzen und Reinzuchthefen.

Schon Pasteur erkannte, daß jede Hefeart wieder einen anderen Wein ergibt. Heute weiß man, daß auch die äußeren Konditionen, unter denen die Gärung stattfindet (Temperatur, pH-Wert) zur Bildung der spezifischen Merkmale beitragen.

Während der Gärung schwefelt der Winzer den Most, die Maische oder den Wein, das heißt, er führt Schwefeldioxid (SO_2) in kleinen Mengen zu, um unerwünschte Keime abzutöten, gewisse Hefen zu unterstützen und der Oxidation vorzubeugen.

Nach der alkoholischen Gärung durchläuft der Wein meist noch eine zweite, Apfelmilchsäuregärung genannte Fermentation, wobei die Apfelsäure unter Einwirkung von Bakterien in Milchsäure umgewandelt wird. Diese Apfelmilchsäuregärung setzt manchmal erst im Frühjahr ein, weshalb man sagt, der Wein »arbeite« oder der Wein sei »erwacht«.

Je nach Art der Weinbereitung erhält man verschiedene Kategorien von Wein: weißen, Rosé, roten. Bei der Weißweinbereitung erhält man aus den gemahlenen und gepreßten Beeren (der Maische) einen Saft (den sogenannten Most), aus dem man die festen Rückstände (Trester) entfernt und daraus Tresterbranntwein (Marc in Frankreich, Grappa in Italien) macht. Aus dem Most selbst entsteht durch die Gärung schließlich Wein. Weißwein wird einerseits aus weißen Trauben gewonnen (sogenannter Blanc de Blancs), aber auch aus wenig intensiv gefärbten roten Trauben, da der Farbstoff ausschließlich in der Beerenhaut enthalten ist und deshalb gar keine Zeit hat, den Most zu färben. Bei der Rotweinbereitung hingegen muß der Most lange genug mit den Farbstoffen und dem Tannin in Berührung kommen, um die Farbstoffe herauslösen zu können.

Während Weißweine auf dem Most vergoren werden, brauchen Rotweine die sogenannte Maischegärung, um die in den Beerenschalen sitzenden Farbstoffe vollständig herauszulösen. Diese Phase dauert zwischen vier und über zwanzig Tagen. Bei leichten, jung zu trinkenden Weinen wird sie kürzer sein, bei schweren, gut alternden Weinen entsprechend länger.

Nach dem Gärprozeß zieht man den Ablaufwein und die Maische aus dem Gärbehälter ab.

Roséwein entsteht nicht aus einem Gemisch von weißem und rotem Wein (außer beim Champagner), sondern aus hellgekeltertem Most, das heißt aus roten Trauben, die kurz vor oder nach der Gärung durch Pressen vom Saft getrennt werden.

Es gibt noch andere Gärverfahren, zum Beispiel die Kohlensäuregärung (Macération Carbonique), wobei die ganzen Traubenbeeren in einen vorher mit Kohlensäure gesättigten Gärbehälter gelegt werden. Daraufhin finden während zwei bis drei Wochen bei hoher Temperatur enzymatische Veränderungen statt, die dem Wein ein spezielles Aroma nach kleinen, roten Früchten verleihen. Dieses Verfahren wird gerne eingesetzt, wenn man geschmeidige, fruchtige Weine wie etwa den Beaujolais erhalten will. Daneben gibt es noch kompliziertere Gärverfahren wie etwa die Maischeerwärmung, um die in den Beerenschalen enthaltenen Substanzen noch vollständiger herauszulösen.

Um spezielle Weine wie sehr süße Weißweine, Schaumweine oder Strohweine zu erhalten, braucht es wiederum sehr spezielle, oft streng geregelte Bereitungsmethoden. So unterscheidet man etwa bei den Schaumweinen je nach der Bereitungsart die Méthode champenoise (Flaschengärung), die Cuve close (Tankgärung) oder die Méthode rurale (auch Asti-Methode).

Ein Wein kann entweder jung getrunken werden oder zur Lagerung in den Keller wandern, wo er zu einem hochstehenden Produkt mit komplexem Bukett heranreift.

In gewissen Fällen wird der Wein auch in Eichenfässern gelagert, was ihm wiederum eine besondere Note verleiht. Im Laufe der Bereitung und des Ausbaus hat der Wein grundsätzlich zwei schlimme Feinde: einen zu großen Temperaturanstieg einerseits und den Sauerstoff andererseits. Deshalb muß ein Weinkeller unbedingt kühl und müssen Tanks oder Fässer immer voll sein.

Bevor man den Wein in Flaschen füllt, wird er einer Klärung unterzogen. Der im Laufe der Zeit natürlich auftretenden Klärung wird mittels Zugabe von kolloidalen Substanzen (zum Beispiel Eiweiß, Gelatine) nachgeholfen, die im Wein langsam nach unten sinken und dabei die schwebenden Teilchen mitziehen. Nach dieser Klärung wird der Wein noch einmal oder mehrmals filtriert, damit er klar, rein und brillant aussieht und besser schmeckt.

Weißweinbereitung

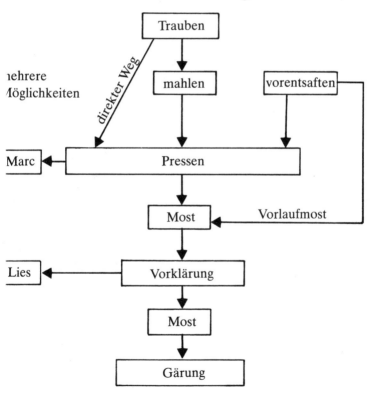

Rotweinbereitung

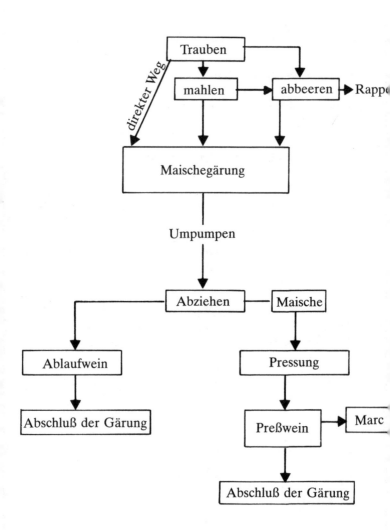

Spiel Nr. 7

Wer bist Du?
Woher kommst Du?
Wohin gehst Du?

Die folgenden Übungen sind schwieriger als die vorhergehenden, denn sie bedingen, daß der Degustator nicht nur die Sinnenprüfung beherrscht, sondern auch gewisse organoleptische Merkmale der Weine einer bestimmten Region, Rebsorte und Weinbereitungsmethode wiedererkennen kann. Dieses organoleptische Gedächtnis kann man sich nur mit einiger Erfahrung und Schritt für Schritt bei verschiedenen Degustationen aneignen.

Erste Übung: Wiedererkennen des Einflusses bestimmter Faktoren

Dabei geht es darum, die Verkoster für die Wirkung verschiedener Faktoren wie etwa Bodenbeschaffenheit, Klima, Rebsorte etc. auf die Qualität des Weins zu sensibilisieren.

Der Boden

Für diese Übung nimmt man zwei Weine derselben Region, derselben Rebsorte und desselben Jahrgangs, aber von zwei unterschiedlichen Böden. Dazu eignen sich Burgunderweine besonders gut, weil sie von Gemeinde zu Gemeinde und von Mikroklima zu Mikroklima sehr verschieden sein können und ein exzellentes Beispiel abgeben.

Das Klima

Man präsentiert den Verkostern wiederum zwei Weine, einen, der aus dem nördlichen Landesteil kommt und einen, der aus dem südlichen Landesteil kommt (in Frankreich zum Beispiel der nördliche Muskateller oder Elsässer und ein südlicher Wein aus dem Midi).

Die Rebsorten

Man trifft heute immer häufiger aus verschiedenen Rebsorten verschnittene Weine an. Trotzdem darf man nicht vergessen, daß es einige Appellations-Weine gibt, die aus einer einzigen Rebsorte erzeugt werden und damit ein gutes Übungsbeispiel abgeben, um sich mit einer bestimmten Rebsorte vertraut zu machen.

– Bei den Weißweinen gibt es eine ganze Anzahl von elsässischen Weinen, die aus einer einzigen Traubensorte erzeugt werden (Riesling, Sylvaner, Gewürztraminer);

– bei den Burgunderweinen sollten Sie Weine aus der Aligoté-Rebe (Bourgogne aligoté) mit solchen aus der Chardonnay (Chablis, Meursault) vergleichen;

– bei den Rotweinen findet man solche aus der Cabernet-Sauvignon-Traube entweder unter den Landweinen, die auf dem Etikett den Zusatz »Vins de Cabernet-Sauvignon« tragen oder aber im Médoc, wo diese Rebsorte weitaus am häufigsten angebaut wird. Die Burgunderweine ermöglichen Ihnen einen Vergleich zwischen der Gamaytraube (Beaujolais) und der Pinot Noir, die für die großen Burgunder verwendet wird.

Zweite Übung

Präsentieren Sie Ihren Degustationsfreunden anonym – also ohne Angabe der Herkunft, des Jahrgangs etc. – drei oder vier Weine verschiedener Herkunft.

Zuerst sollen sie diese Weine mit Hilfe der Sinnenprüfung beschreiben. Danach verlangen Sie eine etwas genauere qualitative Beurteilung der Weine, wobei Sie zu jedem Wein folgende Fragen stellen:

– Typ: leicht, tanninhaltig, entwickelt etc., sowie die Entwicklungsstufe, auf der sich der Wein momentan befindet: sofort zu trinken, zu lagern... Dies ergibt die Antwort auf eine Frage, die man jedem Wein stellen sollte, nämlich: »Wohin gehst Du?«

– Grund des spezifischen Charakters dieses Weins: Boden, Rebsorte, Weinbereitung... Dies beantwortet die Frage: »Woher kommst Du?«

– Optimale Bedingungen zur Entfaltung seiner Qualitäten: Ausschanktemperatur, passende Speisen, passende Tageszeit...

Dritte Übung

Wein entwickelt sich im Laufe der Zeit. Ein Jahrgang unterscheidet sich deutlich von einem anderen. Dies sind zwei Gründe, die es Ihnen ermöglichen, die verschiedenen Qualitätsmerkmale ein und desselben Weins aus drei oder vier verschiedenen Jahrgängen festzustellen. Es kann auch vorkommen, daß man bei einem alten Jahrgang Merkmale des jungen Weins antrifft und umgekehrt bei einem jungen Wein schon eine auffallende Reife. Jeder Wein ist nicht nur ein Produkt seines Jahrgangs, sondern auch seines ganz persönlichen »Lebenslaufes«.

8. Der Wein bittet zu Tisch

Ohne Zweifel schätzt man einen guten Wein am meisten, wenn er in Begleitung passender Speisen genossen werden kann.

Die Qualität eines Weins kann unter den Umgebungsbedingungen leiden oder aber daran wachsen. Jedenfalls werden beim Konsumieren von Wein leider unzählige Fehler gemacht und immer wieder falsch verstandene oder überholte Traditionen beharrlich nachgeahmt.

Vor allem tut man der jahrelangen, liebevollen Arbeit des Winzers Unrecht, wenn man einen Wein nicht genießen kann, weil er falsch serviert wird – seine Bemühungen werden dabei innerhalb von wenigen Minuten zunichte gemacht! Aber auch der Konsument ist natürlich der Betrogene, denn schließlich kostet die Flasche gleich viel, ob sie nun gut oder schlecht serviert wird. Wenn Sie selbst einen Wein servieren und dabei gravierende Fehler machen, werden Sie damit Ihr Ansehen als Weinkenner bald verlieren und in den Ruf kommen, einen schlechten Weinkeller zu haben. Man kann noch so gute und teure Weine kaufen – wenn man es nicht versteht, sie fachgerecht zu servieren, hat niemand etwas davon.

● Die Tischdecke

Eine allzu farbenfrohe Umgebung stört, wenn es darum
geht, die Farbe des Weins zu beurteilen, deshalb benutzt
man am besten weiße Tischtücher.

● Die Umgebung

Eine laute Umgebung beeinträchtigt die Sinneswahrnehmungen und ist deshalb zu vermeiden. Um keine
Fremdgerüche zu riskieren, sollte man am Tisch auch
nicht rauchen. Bitten Sie Ihre Tischgenossen, erst nach
dem Aufheben der Tafel wieder zu rauchen.

Auch die Beleuchtung des Tisches muß stimmen.
Dämmerlicht und farbige Lampen stören den optischen
Eindruck einer guten Flasche Wein.

● Die Gläser

Auf diesem Gebiet begegnet man den tollkühnsten
Verirrungen. Die hauptsächliche Aufgabe des Weingla-
ses besteht darin, den Wein zur Geltung zu bringen. Es
dient der Ästhetik des Auges, der Nase und des Mun-
des. Deshalb sind Wandstärke, Farbe, Form und Größe
des Glases von größter Bedeutung.

Wandstärke: feines Glas oder nicht zu dickwandiges
Kristallglas.

Farbe: Farblos.

Form: Mit Stiel und Fuß, rund oder tulpenförmig, so
daß man den Wein gut darin schwenken und die Aromen an der Öffnung abfangen kann.

Größe: Nicht zu klein und höchstens zu einem Drittel
gefüllt. Füllt man die Gläser noch weniger, hat man
Mühe, den Wein zu spüren, füllt man sie mehr, kann

man den nötigen schwungvollen Schwenker nicht mehr ausführen.

Diese Ratschläge gelten grundsätzlich für alle Weintypen. Der Brauch, für Weißweine ein kleines Glas, für Rotweine ein mittelgroßes und für Branntweine ein großes Glas zu gebrauchen, hält keinem vernünftigen Argument stand.

Halten Sie Ihr Glas auch nicht wie gewohnt am Kelch, sondern am unteren Ende des Stiels oder am Fuß fest. Wichtig ist auch, daß man sorgfältig am leeren Glas riecht, bevor der Wein eingeschenkt wird; besteht auch nur der geringste Eindruck von Fremdgerüchen oder Unsauberkeit, muß man das Glas mit reinem Wasser oder noch besser mit dem zu verkostenden Wein spülen. Man spricht dann von »anvinieren«, also dem Glas den Geruch des Weins aufprägen. Tatsächlich besitzt das Glas oft einen speziellen Geruch: Durch das unsachgemäße Reinigen des Glases können Spuren von Kalk oder Gerüche von Spülmitteln haften bleiben. Auch ein Geruch nach Zellulose kann vorkommen, wenn etwa eine Papierserviette zu lange in einem Glas steckte. Zum Trocknen sollte man die Gläser nicht mit der Öffnung nach unten stellen, da sie so unangenehme Gerüche aufnehmen können. Vorsicht auch bei Gläsern, die in gewachsten oder sonstwie behandelten Schränken aufbewahrt und von dort direkt (ohne Vorspülung) auf den Tisch kommen.

Zum Trinken von Champagner sollte man unbedingt eine Champagnerflöte verwenden. Die weiten Schalen, die für Champagner so beliebt sind, sollte man konsequent zurückweisen. Und haben Sie gewußt, daß jeder Glastyp und jede Reinigungsart einen Einfluß auf die Qualität des Schaumes hat?

Bleibt noch zu erwähnen, daß es speziell genormte Degustationsgläser gibt, die das Institut National des Appellations d'Origine ausgewählt hat.

Das Entkorken der Flasche

Dies ist sozusagen der erste Akt der Degustation. Man soll sich dazu Zeit lassen und die Flasche immer direkt am Tisch entkorken.

Als erstes entfernt man den obersten Teil der Kapsel mit einem regelmäßigen Schnitt und säubert dann mit einem Tuch den Flaschenhals.

Beim Korkenzieher sollten Sie entweder einen mit parallelen Klingen verwenden oder mit Hebelmechanismus (einfach oder doppelt) und langer Spirale, die keine scharfen Kanten haben darf, weil diese den Korken verletzen würden.

Die Flasche wird sanft auf den Tisch gestellt – respektive sie bleibt in ihrer horizontalen Lage, falls sie in einem Dekantierkörbchen präsentiert wird – und der Korken sorgfältig herausgezogen. Danach wischt man wiederum den Flaschenhals ab, nachdem man am Korken gerochen hat, um eventuellen Korkengeruch festzustellen.

In eine Karaffe dekantiert wird der Wein nur unter besonderen Umständen. Man bezweckt damit, den klaren Wein vom Depot zu trennen und ihn während des Umgießens in die Karaffe zu lüften; serviert wird er sodann in der Karaffe.

Emile Peynaud stellt folgende Regeln zum Dekantieren auf:

1. Man dekantiert nur, wenn die Flasche ein sichtbares Depot aufweist.

2. Wenn man dekantieren muß, dann erst im letzten Moment vor dem Konsum.

3. Das Dekantieren einige Zeit vor dem Konsum mit ausgiebiger Belüftung ist nur bei Weinen berechtigt, die einen Mangel zu verbergen haben (geruchliche Mängel, Kohlensäure). Im großen und ganzen ist das Dekantieren nur bei einzelnen Flaschen sinnvoll.

Bei Weinen mit sichtbarem Depot leistet das Dekantierkörbchen bessere Dienste, denn damit kann der Sommelier die Flasche in horizontaler Lage mit der größtmöglichen Sorgfalt handhaben. Der grundsätzliche Gebrauch eines Dekantierkörbchens für alle Weine ist sinnlos und sogar ein wenig lächerlich.

Muß die Flasche wieder verschlossen werden, darf man den Korken auf keinen Fall umgekehrt einstecken, wie man es leider manchmal sieht.

Bei den Schaumweinen muß man vor dem Entkorken das Drahtkörbchen entfernen, das den Korken an seinem Platz hält. Dann wird die Flasche um 45° geneigt und der Korken mit einer Hand fest gepackt, während die Flasche mit der anderen Hand mit einer raschen Drehung nach unten gezogen wird. Vermeiden Sie möglichst Lärm und Verlust an Kohlensäure sowie überhaupt jegliches spektakuläre Getue.

Vergessen Sie nicht, auch hier den Flaschenhals abzuwischen; dann läßt man vorerst nur eine kleine Menge auf den Boden des schräg gehaltenen Glases laufen, bevor man nach einer kurzen Wartezeit das Glas korrekt füllt.

Die Kunst des Ausschenkens

Es empfiehlt sich im allgemeinen, den ersten Strahl gesondert ins Glas fließen zu lassen. Der Wein muß sanft an den Wänden des Glases herabfließen können und darf weder von zu weit oben herabfallen noch soll die Flaschenöffnung zu nahe ans Glas gebracht werden (auf keinen Fall den Flaschenhals auf dem Glasrand abstützen!).

Nach dem Einschenken bringt man die Flasche mit einer leichten Drehung wieder in eine vertikalere Position und fängt den letzten Tropfen mit einer Serviette auf, damit er nicht auf den Tisch – oder noch schlimmer – einen Weinliebhaber fällt.

Während des ganzen Vorgangs, bei dem sich die Flasche in nächster Nähe der Degustatoren befindet, sollte das Etikett als eine Art Identitätskarte des Weins sichtbar sein.

Die richtige Ausschanktemperatur

Die Temperatur spielt bei der Beurteilung eines Weins eine wichtige Rolle. Als allgemeine Richtlinie gelten folgende Temperaturen:

Sehr frisch (7–9° Celsius): trockene, leichte und fruchtige Weißweine, aufgespritete Weißweine und Schaumweine.

Frisch (9–12° Celsius): Roséweine, große Weißweine, Jungweine und Primeurs.

Chambriert (14–18° Celsius): Rotweine.

Bitte beachten Sie, daß »chambrieren« nicht »aufheizen« heißt, sondern eine Raumtemperatur widerspiegelt, die ursprünglich deutlich unter dem heutigen Niveau lag.

Die höchsten Temperaturen sind für die alten, männlich-kräftigen Weine mit stark entwickeltem Bukett reserviert. Je kühler ein Wein serviert wird, desto weniger Aroma entwickelt er und desto härter erscheint das Tannin. Je wärmer ein Wein serviert wird, desto schwerer wird sein Aroma. Ein zu kalt servierter Weißwein »erlöscht«, ein zu warm servierter Weißwein verliert seine Finesse. Ausschanktemperaturen von 5–6° Celsius erreicht man am besten, indem man die Flasche in einen Eiskübel stellt; vor allem Schaumweine und süße Weißweine werden gerne bei dieser Temperatur konsumiert.

Einfluß der Temperatur auf den Wein

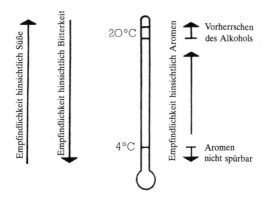

Wenn man einen Wein temperieren will, sollte man umsichtig vorgehen:

– Zum Aufwärmen sollte man keine der folgenden Wärmequellen benutzen: Heizkörper, Kaminfeuer etc., weil dadurch eine lokale Überhitzung in der Flasche entsteht. Vielmehr sollte man die Flasche ganz langsam aufwärmen, indem man sie in einen temperierten Raum stellt.

– Zum Abkühlen: geeignet ist ein Eiskübel oder auch ein kurzer Aufenthalt im Kühlschrank, die beide dieselbe Wirkung ausüben.

Beachten Sie bitte, daß die Methode mit dem Eiskübel nicht auf Weißweine beschränkt bleiben muß und daß es durchaus vernünftig sein kann, auch einen Rotwein einmal abzukühlen. Ganz allgemein sollte man auch die herrschenden Außentemperaturen berücksichtigen, denn je wärmer das Wetter ist, desto kühler darf der Wein sein.

Im Glas erwärmt sich der Wein recht schnell wieder. So erreicht zum Beispiel ein Wein, der bei 8° Celsius ausgeschenkt wurde, nach zwanzig Minuten eine Temperatur von 13° Celsius bei einer Raumtemperatur von 25°.

Für eine optimale Degustationstemperatur sollte man die Ausschanktemperatur den äußeren Bedingungen anpassen. Die grafische Darstellung A und B erläutern die Geschwindigkeit, mit der sich ein Glas respektive eine Flasche in zwei verschiedenen Umgebungstemperaturen (19,8° Celsius und 28,7° Celsius) aufwärmen.

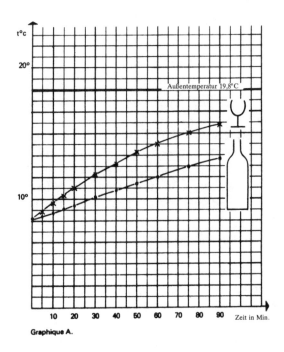

Graphique A.

Geschwindigkeit der Erwärmung des Weins in bezug auf die Außentemperatur:
– im genormten Degustationsglas I.A.N.O. mit 10 cl Wein;
– in einer 75-cl-Flasche (Temperatur in der Flaschenmitte gemessen).

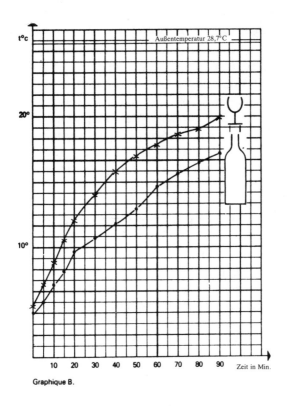

Graphique B.

Spiel Nr. 8

Den Wein servieren

Erste Übung
Sie betrifft die wichtige Rolle, die die Temperatur beim

Servieren eines Weins spielt. Präsentieren Sie Ihren Degustationsfreunden drei Gläser Rotwein.

Das erste Glas enthält Rotwein bei einer Temperatur von 14° Celsius, das zweite denselben Rotwein bei 17° Celsius und das dritte einen anderen Rotwein bei 14° Celsius, den Sie allerdings unter möglichst denselben Kriterien ausgelesen haben wie den ersten. Natürlich präsentieren Sie diese drei Gläser so, als handle es sich um drei verschiedene Weine. Bitten Sie die Degustatoren, die drei Weine nach ihren Präferenzen zu klassifizieren.

Machen Sie sich danach ein paar Gedanken zu den Resultaten.

Zweite Übung

Diesmal geht es darum, die Rolle des Glases und seines Inhalts zu testen. Präsentieren Sie dazu einen einzigen Wein – ohne die Degustatoren darüber aufzuklären – bei ein und derselben Temperatur in vier verschiedenen Behältnissen: einem groben, dickwandigen Glas, einem Gobelet ohne Fuß und zwei feinen, klassischen Rotweingläsern vom Typ des normierten Degustationsglases, von denen Sie eines zu einem Drittel, das andere nur zu einem Fünftel füllen.

Bitten Sie nun die Degustatoren, die Weine zu beschreiben und zu klassifizieren.

Danach verraten Sie, daß es sich um ein und denselben Wein handelte. Der Wein, der am besten abgeschnitten hat, sollte eigentlich der sein, der im zu einem Drittel gefüllten Degustationsglas präsentiert wurde.

9. Die harmonische Verbindung von Speisen und Wein

Wie verhalten sich nun die verschiedenen Weine in Verbindung mit den verschiedenen Speisen? Das ist gar keine so einfache Frage. Trotzdem möchte ich dieses Thema in erster Linie von seiner erfreulichen Seite angehen und zeigen, wie Wein und Speisen am besten harmonieren, ohne dabei jedoch die häufigsten Fehler und Unstimmigkeiten unerwähnt zu lassen. Bei aller Harmoniesuche sollte man nicht vergessen, daß gewisse Weine am besten zur Geltung kommen, wenn sie ohne Beigaben gekostet werden, so zum Beispiel der Champagner, aber auch der Beaujolais, der sich an der Bartheke genauso gut macht wie am reich gedeckten Tisch, oder der Banyuls, der ein vertrauliches Tête à Tête mit dem Weinkenner sehr zu honorieren weiß.

Bei der Realisierung einer harmonischen Verbindung von Wein und Speisen kann man seine Anforderungen je nach Wunsch höher oder tiefer stellen.

So gibt es ähnlich wie bei einem menschlichen Paar zwischen Wein und Speisen sowohl die Vernunftehe oder die Geldehe wie auch die Verbindung aus tiefer Überzeugung. Der Rosé zum Beispiel geht meistens nur eine »Vernunftehe« mit einer Speise ein.

In den meisten Fällen verhält es sich so, daß zuerst

das Essen gewählt und dann der passende Wein dazu gesucht wird.

Aber natürlich kann man den Spieß auch umdrehen und dem Weingenießer eher gerecht werden, wenn man sich sagt:»Ich habe da eine gute Flasche Wein – was könnte ich dazu servieren?« In diesem Fall handelt es sich dann natürlich um eine typische »Liebesverbindung«! Man sollte unbedingt darauf achten, daß man bei der Verbindung von Wein und Speisen weder das eine noch das andere vernachlässigt und keine allzu gewagten Gegensätze schafft.

»Genießen« Sie probehalber einmal eine Fischkonserve (etwa Ölsardinen) mit einem Rotwein: Sie merken dann sehr eindrücklich, welch widerlichen Metallgeschmack der Wein sofort bekommt.

Aber auch gewisse sehr charaktervolle Käsesorten (vor allem Blauschimmelkäse) können die feinen Geschmacksnuancen eines guten Rotweins bis zur Unkenntlichkeit zerstören.

Auch Melonen und Rotwein sind Todfeinde!

Der Wein, den man für die Zubereitung einer Sauce verwendet, kann – muß aber nicht – identisch sein mit einem der Weine, die man zum Essen reicht. Dazu muß man wissen, daß der Kochvorgang gewisse sehr feine Weine zerstören kann und daß viele Spitzenköche ohne Zögern gestehen, für Marinaden und Pfeffer einen guten Preßwein dem kostbaren Tischwein vorzuziehen.

Die Zusammenstellung von Speisen und Wein ist je nach Art des Essens unterschiedlich zu bewerten. Immer aber stellt das Streben nach Harmonie eine aufrichtige Bemühung um ein gewisses Raffinement und die bestmögliche Bewirtung dar. Ich möchte hier keinesfalls auf jedes kleinste Detail bei den Erwägungen hinsichtlich Essen und passendem Wein eingehen, aber ein paar der wichtigsten Faustregeln sollte man sich schon immer vor Augen halten: ein reichhaltiges, aromatisches Essen verlangt nach einem ebenfalls reichhaltigen, charaktervollen Wein. Zu einfacher Hausmannskost trinkt man keinen hochdotierten Spitzenwein. Eine rustikale Küche verträgt sich am besten mit einem eher herben, bodenständigen Wein, während eine raffinierte Küche auch nach raffinierteren Weinen verlangt. Zu stark gewürzten Speisen, die den Charakter eines Weines gerne in den Hintergrund drängen, empfiehlt sich ein frischer, vollmundiger Wein. Auch hinsichtlich der Farben sollte zwischen Speisen und Wein ein harmonisches Verhältnis bestehen. Im Laufe einer Mahlzeit hält man sich normalerweise an folgende Regeln:

– trockene Weißweine werden vor lieblichen Weißweinen serviert;

– Weißweine werden vor Rotweinen serviert;

– junge Weine werden vor alten Weinen serviert;

– trockene Weine werden vor süßen Weinen serviert;

– geschmeidige Weine werden vor tanninhaltigen Weinen serviert;

– kühle Weine werden vor temperierten Weinen serviert.

Die vierte Regel kennt eine Ausnahme: Melonen oder auch Gänseleber, als Vorspeise serviert, harmonisieren ganz vorzüglich mit sehr süßen Weißweinen.

Eine Harmonie zwischen Speisen und Wein kann man auf zwei Arten erreichen: entweder durch eine möglichst perfekte Angleichung oder aber durch sorgfältig ausgewählte Kontraste (zum Beispiel zwischen einer stark gewürzten Speise und einem Süßwein).

Allerdings wird man beim Streben nach Perfektion vermeiden, eine allzu dominante Speise mit einem sehr feinen Wein zu servieren, da in diesem Fall die Qualitäten des Weins nicht mehr ausreichend zur Geltung kämen; andererseits sollte man auch nicht sehr raffinierte Speisen mit einem allzu kräftigen, männlichen Wein vereinen. Ein harmonisches Miteinander von Wein und Speisen kommt beidem zugute und beschert dem Genießer ein wahres Gaumenfest.

Die moderne Gastronomie gibt sich gerne fantasievoll. Bei der Zusammenstellung von Wein und Speisen gilt es aber eher zurückhaltend und vorsichtig zu sein.

Dafür kann man oft ein gelungenes Zusammenspiel erreichen, wenn man sich an das Brauchtum und die Gepflogenheiten einer bestimmten Region hält, denn regionale Spezialitäten sind meistens auf die Weine derselben Region abgestimmt und umgekehrt. Unsere Vorfahren wußten die traditionellen Überlieferungen geschickt mit ihren eigenen Erfahrungen zu verbinden.

Bei den täglichen Mahlzeiten wird man sich sicher auf einen Wein beschränken, und zwar normalerweise auf einen eher einfachen, unprätentiösen Wein. Man wählt ihn je nach Jahreszeit (im Sommer mag man eher frische, leichte Weine), persönlichem Geschmack und Hauptgang der Mahlzeit.

Bei nicht alltäglichen Mahlzeiten kann man dazu mehrere verschiedene Weine servieren, wobei man die vorher aufgestellten Grundregeln aber beachten sollte; mehr als drei oder höchstens vier verschiedene Weine sollte man aber auch beim aufwendigsten Essen nicht auftischen. Ein festliches Mahl kann man jedoch auch mit einem einzigen Wein bereichern, nur daß man dann die Speisen besonders sorgfältig auswählen muß. Spannend ist dies allemal: man wählt einen Wein, dem man besonders zugetan ist und komponiert anschließend die verschiedenen Gänge so darum herum, daß der Wein immer optimal zur Geltung kommt. Es versteht sich von selbst, daß der findige Gastgeber seine Fantasie walten läßt, um den Eindruck dieses ausgewählten Weins zu variieren, zum Beispiel, indem er denselben Wein aus verschiedenen Jahrgängen serviert oder im Laufe der Mahlzeit die Temperatur des Weins verändert.

Trockene Weißweine wie zum Beispiel ein Elsässer,

Muscadet, bestimmte Bordeauxsorten, Sancerre, weißer Côtes du Roussillon passen gut zu Muscheln und Meeresfrüchten, gegrilltem oder gebackenem Fisch und bestimmten Wurstwaren.

Weniger herbe Weißweine (Burgunder) passen gut zu Fisch, der mit einer Sauce oder Crème serviert wird und zu weißem Fleisch (Geflügel, Kalb, besonders an weißer Sauce) sowie zu bestimmten Hartkäsesorten.

Roséweine kommen gut mit (Schweins-)Wurstwaren sowie Fischsuppe (Bouillabaisse) und bestimmten pikanten Vorspeisen zur Geltung.

Fruchtige Rotweine (Beaujolais, Minervois, Côtes du Roussillon) passen gut zu gegrilltem Fleisch, Geflügel, gegartem Fleisch und bestimmten Wurstwaren.

Tanninhaltigere Rotweine (Bordeaux, Cahors, Côtes du Roussillon Villages, Côtes du Rhône Villages...) und kräftige, ausgereifte Rotweine (Burgunder) passen gut zu rotem Fleisch, verschiedenem Fleisch mit Saucen, Wild und bestimmten Käsesorten.

Süße Weine (Sauternes, Montbazillac...), Vin doux naturel (Banyuls, Maury, Rivesaltes und Muskateller) sind sehr geeignet für den Aperitif, aber auch zu Melonen, bestimmten Käsesorten, Früchten und verschiedenen Nachspeisen.

Schaumweine und vor allem Champagner eignen sich vor allem für den Aperitif sowie zu einigen Speisen wie Fisch oder weißem Fleisch, und natürlich zu den meisten Dessertspeisen.

Einige Beispiele einer harmonischen Verbindung von Wein und Speisen

Aperitif
Sehr süße Weißweine (Sauternes) und Vins doux naturels (Banyuls, Maury...) erfreuen unseren Gaumen,

ohne unsere Geschmacksknospen für die noch folgenden Freuden abzustumpfen. Auch ein Champagner (Brut) oder anderer Schaumwein sind zum Aperitif hervorragend geeignet.

Vorspeisen

Wurstwaren, Aufschnitt: Roséweine, leichte Rotweine. Zu besonders bodenständigen Schweinswurstwaren paßt Weißwein besser.

Melonen: Vins doux naturels.

Muscheln: trockene Weißweine, zu Austern unter Umständen auch ein kleiner, leichter und frischer Rotwein.

Pizza: Rosé.

Thon, Sardinen, gekochte Eier: Weißweine.

Spargeln: Schwierig. Am besten ein frischer, trockener und aromatischer Weißwein (trockener Muskateller).

Suppen: Unter Umständen etwas Rotwein nach der Suppe.

Salate, Grapefruit: Hier wird der Wein besser durch Wasser ersetzt.

Gänseleber: Darüber wurde schon unendlich viel geschrieben. Die meisten raten zu einem süßen Weißwein oder Vin doux naturel. Ein guter, sehr aromatischer Weißwein paßt meines Erachtens am besten.

Unter Umständen ist auch ein sehr tanninhaltiger Rotwein aus einer guten Appellation angebracht, vor allem, wenn die Gänseleber als Teil der Mahlzeit serviert wird.

Hauptgang

Fisch: Trockene Weißweine zu gegrilltem oder kurz gekochtem Fisch. Liebliche Weißweine passen gut zu Fisch, der mit cremiger Sauce serviert wird. Rosé zu Fisch, der nach südländischer Art zubereitet wurde.

Weißes Fleisch und Geflügel: Leichte Rotweine oder eher milde, weiche Weißweine.

Rotes Fleisch: Alle Typen von Rotwein.

Wild: Eher kräftige und ausgereifte Rotweine.

Rinderschmorbraten, Rinderbraten mit Karotten, Pot-au-feu: Servieren Sie zu diesen Gerichten keinen großen Rotwein, sondern lieber einen süffigen, munteren Tropfen.

Sauerkraut: Trockener Weißwein oder Bier.

Teigwaren: Leichte oder körperreiche Rotweine. Je nach Zubereitungsart auch bestimmte Weißweine.

Eier: Dazu braucht es nicht unbedingt Wein. Vorzüglich verbinden sich aber natürlich mit Wein zubereitete Eier, die mit demselben Wein getrunken werden.

Käse

Beim Käse werden vielleicht die häufigsten Fehler gemacht. Nicht jede Käsesorte verträgt sich mit Rotwein. Ein Comté oder Emmentaler zum Beispiel verbindet sich harmonisch mit einem lieblichen Weißwein. Blauer Käse wie Roquefort, Gorgonzola oder Bleu d'Auvergne zieht süße Weine – vor allem Vin doux naturel mit Ranciogeschmack – vor, genauso wie ein trockener Ziegenkäse, der neben Wein mit Rancioaroma auch vorzüglich zu sehr aromatischem Weißwein wie etwa Sancerre paßt. Weichkäsesorten wie Brie oder Camembert hingegen kommen nach wie vor am besten mit Rotwein zur Geltung.

Früchte

Zu den meisten Früchten paßt ein lieblicher, süßer Wein.

Nachspeisen

Hier kommen die Schaumweine, die süßen Weißweine und die Vins doux naturels zum Zug, besonders die

Muskateller, die sehr gut zu Obstkuchen, Sorbet, Eiscrème passen, während die Wahl des Weins zu schokoladenhaltigen Speisen immer sehr heikel ist. Hier könnte höchstens ein sehr alter Süßwein mit ausgeprägtem Rancioaroma in Frage kommen.

P. S. Diese Tabellen sollen nur gewisse typische Harmonisierungen zwischen Wein und Speisen aufzeigen; im Einzelfall muß natürlich je nach Ihrem Geschmack und nach der Auswahl und Zubereitungsart der einzelnen Speisen entschieden werden.

Beispiel: das Neunauge à la Bordelaise, mit einem bestimmten Bordeaux zubereitet, harmonisiert vorzüglich mit demselben Bordeaux zum Trinken.

	Weißwein		Rosé	Rotwein		Schaumwein	süßer Weißwein	Vins doux naturels
	trocken, nervig	lieblich reichhaltig		leicht abgerundet	kräftig muskulös			
Klare Suppe, gebundene Suppe								
Fischsuppe			●					
Salat, Grapefruit								
Wurstwaren (Schwein)	●		●	●				
Melonen								
Muscheln, Meeresfrüchte	●							
Thon, Sardinen in Öl	●							
Gänseleber		●			●		●	●
Fisch, gegrillt oder gebacken	●	●						
Fisch, mit Saucen		●	●	●				
Sauerkraut	●							
Oeuf meurette				●				
Teigwaren	●		●	●				

	Weißwein		Rosé	Rotwein		Schaumwein	süßer Weißwein	Vins doux naturels
	trocken, nervig	lieblich reichhaltig		leicht, abgerundet	kräftig muskulös			
weißes Fleisch, Geflügel		●	●					
rotes Fleisch				●	●			
Wild					●			
Pot-au-feu, Rinderbraten mit Karotten				●				
Pilzgerichte				●	●			
Gemüse								
Hartkäse aus Kuhmilch Emmentaler		●						
Weichkäse (Brie, Camembert)				●	●			
Ziegenkäse	●							●
Blauschimmelkäse							●	●
Obst						●	●	●
Nachspeise						●	●	●

Spiel Nr. 9

Glas und Teller

Diesmal sollen Sie richtige »Degustations-Mahlzeiten« zu sich nehmen, wobei es sich allerdings mehr um lehrreiche und weniger um rein »gastronomische« Menüs handelt.

Da die Mahlzeiten aus mehreren Gängen bestehen, die gemäß Beschreibung serviert werden sollen, dürfen die einzelnen Portionen nicht zu reichhaltig sein. Auch beim Wein kommen immer mehrere Sorten pro Mahlzeit zum Zug.

Zur korrekten Sinnenprüfung muß das Weinglas sachgemäß gefüllt sein; von jeder Weinsorte trinkt man nur wenig und schüttet den Rest vor jedem neuen Wein weg. Vergessen Sie deshalb nicht, entsprechende Gefäße zur Verfügung zu stellen.

Um die Wirkung zwischen Wein und Speisen beurteilen zu können, geht man folgendermaßen vor:

1. Verkosten Sie vorerst den Wein allein. Notieren Sie sich sodann die Meinungen der verschiedenen Tischgenossen.

2. Danach kostet man die Speisen.

3. Jetzt kostet man nochmals den Wein, merkt sich wiederum die verschiedenen Meinungsäußerungen und vergleicht sie mit jenen der ersten Weinprobe.

Finden Sie sodann heraus, ob der Wein vor oder nach dem Essen besser geschmeckt hat; im ersten Fall würde das bedeuten, daß sich dieser Wein und diese Speisen nicht miteinander vertragen.

Probemenü Nr. 1

Menü
Einige Meeresfrüchte
Gegrillter, frittierter
oder gebackener Fisch
Fisch mit sämiger Sauce
Emmentaler oder Comté

Weine
Ein trockener, eher grüner
Weißwein (Typ Muscadet)
Ein vollmundiger Weißwein
(zum Beispiel guter Burgunder)
Ein Rosé, ein Rotwein

• Zu den Meeresfrüchten (Zitrone nicht vergessen!) nimmt man ausschließlich den trockenen Weißwein. Grundsätzlich sollte man eine befriedigende Übereinstimmung von Wein und Meeresfrüchten feststellen können, das heißt, die Frische und Nervigkeit des Weins sollte in Verbindung mit dem Essen noch besser zur Geltung kommen als allein getrunken.
• Mit dem gegrillten Fisch serviert man denselben Wein, allenfalls auch den vollmundigen Weißwein.
• Beim Fisch, der an einer Sauce serviert wird, vergleicht man den zweiten Weißwein und den Rosé miteinander. Ist die Sauce sehr pikant, verliert der Weißwein gerne an Aromaintensität, der Rosé hingegen – allein genossen oftmals eher banal im Geschmack – kann sein fruchtiges Aroma auf ideale Weise entfalten.
• Zum Käse vergleicht man den Rotwein und den vollmundigen Weißwein miteinander. Im allgemeinen wird man von der perfekten Harmonie zwischen dieser Käseart und einem guten Weißwein überrascht sein, während der Rotwein hier völlig unangebracht wäre.

Probemenü Nr. 2

Menü
Charcuterie (Schinken,
Wurstwaren aus Schweinefleisch)
Braten aus weißem Fleisch (Kalb oder Geflügel)
Camembert, Brie

Weine
Ein leichter, frischer Rotwein (Beaujolais)
Ein trockener Weißwein
Ein eher vollmundiger, aromatischer
Weißwein (Burgunder)
Ein kräftiger, tanninreicher
Rotwein (Côtes du Rhône,
Côtes du Roussillon Villages)

• Zum ersten Gang vergleicht man den leichten Rotwein und den trockenen Weißwein miteinander. Merken Sie sich, wie sich die Weine zu jeder einzelnen Charcuteriesorte verhalten. In den meisten Fällen werden Sie bei beiden Weinen eine befriedigende Harmonie feststellen.
• Zum weißen Fleisch vergleicht man den kräftigen Rotwein und den eher milderen Weißwein, wobei man den Weißwein immer als erstes probieren sollte.
Abgesehen vom persönlichen Geschmack werden Sie wahrscheinlich vor allem beim Weißwein eine gute Übereinstimmung feststellen können. Der Rotwein wirkt gerne etwas »hart« zu weißem Fleisch. Wer allgemein lieber Rotwein zu Fleischgerichten trinkt, kann hier die Wirkung des leichten, frischen Rotweins mit der des tanninhaltigeren Rotweins vergleichen.
Sicher werden alle dabei übereinstimmen, daß der leichte Rotwein besser paßt als der tanninhaltige.
• Zum Käse hingegen kann der zweite Rotwein sein Feuer besser entfalten.

Probemenü Nr. 3

Menü
Ölsardinen
Pot-au-feu
Gegrilltes, rotes Fleisch
Trockener Ziegenkäse

Weine
Ein abgerundeter, reintöniger,
fruchtiger, ziemlich junger Rotwein
Ein eher tanninhaltiger Rotwein mit feinem,
vielfältigem Bukett (Médoc, Pomerol...)
Ein alter Vin doux naturel mit ziemlich
ausgeprägtem Rancioaroma (alter Banyuls)

● Auch dem ungeübten Verkoster wird sofort die natürliche Abneigung zwischen Ölsardinen und Rotwein bewußt. Versucht man diese Kombination, stellt sich sehr bald ein abscheulicher Metallgeschmack ein. Spülen Sie den Mund, bevor Sie die Mahlzeit fortsetzen.

● Zum Pot-au-feu und danach zum gegrillten, roten Fleisch vergleicht man die beiden Rotweine miteinander. Beim vorherigen Degustieren der beiden Rotweine haben Sie sicher deren Reichhaltigkeit im Vergleich zu einem gewöhnlichen Rotwein festgestellt: Intensität, Vielfalt, nachhaltiges Aroma, Tanningeschmack etc.

Das Pot-au-feu verwischt diese Unterschiede mehr oder weniger, das heißt, der große Rotwein kann sich nicht optimal entfalten. Dafür kommt er um so besser zum gegrillten Fleisch zur Geltung, durch das das ganze Feuer eines großen Rotweins entfacht wird.

● Mit dem trockenen Ziegenkäse macht derselbe große Rotwein jedoch eine traurige Figur. Geradezu perfekt harmonisiert dafür der natursüße Banyuls mit ausgeprägtem Ranciobukett mit dem Ziegenkäse.

Probemenü Nr. 4

Menü
Heringe in Öl
Wildpfeffer oder anderes
Fleisch an einer Sauce
Roquefortkäse
Schokoladenkuchen

Weine
Ein trockener Weißwein
mit typischem Aroma (Sancerre)
Ein kräftiger Rotwein
(Châteauneuf du Pape, Hermitage,
Médoc, Côtes du Nuits…)
Ein Vin doux naturels
mit Rancioaroma

• Der Sauvignon aus der Loire kann mit dem Hering Zwiegespräche führen.
• Das kräftige Aroma des Rotweins paßt gut zur Fleischsauce. Man hätte hier auch einen ausgereiften alten Wein mit Wildaroma wählen können, zum Beispiel einen Burgunder.
• Der kräftige, eigene Geschmack des Roquefort wird den Rotwein empfindlich stören, und der Schokoladenkuchen nimmt ihm vollends den Wind aus den Segeln.
  Mit diesen beiden Gängen kann nur ein sehr alter Vin doux naturel mit Ranciogeschmack (Banyuls, Maury…) serviert werden, ohne seine Qualitäten verleugnen zu müssen.

P.S. Die Menüvorschläge mögen Ihnen zum Teil etwas aufwendig vorkommen. In diesem Fall könnten Sie jedes Menü in zwei Teile trennen und pro Mahlzeit nur einen Teil ausprobieren.

111

10. Gute Flasche – guter Keller

Man kann ein noch so geübter Weinkenner sein – wenn man keinen guten Weinkeller hat, in dem die traumhaften Tropfen lagern und allzeit zugänglich sind, ist die Freude nur halb so groß. Unter einem guten Keller versteht man einerseits einen den Bedürfnissen des Weins gerecht werdender Raum, wo die Flaschen in Ruhe lagern und auf natürliche Weise reifen können.

Ein guter Keller bedeutet aber auch, eine schöne Sammlung von Weinen zu haben, so daß Sie sich einerseits dem Trinkgenuß hingeben und andererseits ihre Hoffnungen in die Größe der heranreifenden Weine legen können. Ein eigener Keller ermöglicht Ihnen auch, Ihre Gäste mit einer abwechslungsreichen Palette an gastronomischen Kunstwerken zu verwöhnen.

Schließlich bedeutet der eigene Weinkeller, daß Sie Ihre kreative Ader nach Ihrem persönlichen Geschmack einsetzen können nach dem Motto: jedem Weinliebhaber sein persönliches Weinsortiment.

Der Raum

Hier scheint es mir angebracht, die unumstößlichen Bedingungen zur Lagerung von Wein, auch wenn diese nur von kurzer Dauer sein sollte, nochmals zu wiederholen.

Ein Weinkeller, der diesen Namen auch verdient, erfüllt folgende Bedingungen:

– Eine konstante Temperatur von rund 14 Grad Celsius (es müssen vor allem Schwankungen und Extremtemperaturen vermieden werden). Eine Ausrichtung des Kellers nach Norden ist deshalb vorzuziehen. Unter bestimmten Voraussetzungen muß man den Keller isolieren, um zu großen Temperaturschwankungen vorzubeugen.

Hat man keinen Keller zur Verfügung, besteht die einzige konsequente Alternative im Kauf eines Weinschrankes, der den Flaschen als Vorratsraum dient und eine gleichbleibende Temperatur garantiert.

– Einen guten Luftfeuchtigkeits-Messer, damit das Austrocknen der Korken und das Auslaufen des Weins vermieden wird.

– Es dürfen keine schlechten Gerüche in den Raum dringen.

– Es darf kein Dauerlicht und kein hartes Licht in den Keller dringen, um sogenannten »Lichtgeschmack« zu verhindern, der durch bestimmte Lichtquellen hervorgerufen wird.

– Der Raum darf nicht erschüttert werden, da sonst die schwebenden Trübstoffe oder das Depot wieder aufgewirbelt werden können.

– Der Raum muß peinlich sauber gehalten werden, er muß genügend Platz bieten und aufgeräumt sein.

– Es dürfen sich keine Heizkessel, Küchen, Heizöllager und Aufzüge in unmittelbarer Nähe des Weinkellers befinden.

– Die Flaschen müssen liegend aufbewahrt werden, um dem Austrocknen des Korkens und dem Eindringen von Luft vorzubeugen.

Wie baut man einen Weinkeller auf?

Je nach gastronomischen Gepflogenheiten, Geldbeutel und räumlichen Möglichkeiten können Sie einen mehr oder weniger reichhaltigen und kostbaren Weinkeller unterhalten. Immer aber befinden sich in einem guten Weinkeller sowohl Weine, die zur Konsumation bereit sind als auch solche, die ihrer Vollendung entgegenreifen.

Natürlich ist es unumgänglich, daß man sich zur sinnvollen Bestückung seines Weinkellers ein Minimum an Kenntnissen über die verschiedenen Weinbauregionen und Jahrgänge aneignet.

Ein guter Rat, der sich auch positiv auf Ihren Geldbeutel auswirken wird, lautet: Kaufen Sie grundsätzlich große Weine aus kleinen Jahrgängen und kleine Weine aus außergewöhnlichen Jahren.

Beim roten Bordeaux ist zum Beispiel der Jahrgang 1989 außergewöhnlich gut ausgefallen, während der Jahrgang 1987 nicht besonders befriedigend war.

Auf der Suche nach dem Wein

Heutzutage mangelt es uns nicht an Gelegenheiten, verschiedenste Weinsorten kennenzulernen, sei es durch Reisen, Fachzeitschriften, Fachverbände oder die immer häufiger auftretenden Amateur-Weinklubs, die Listen von ausgewählten Weinen herausgeben. Auch die großen Weinhandelsfirmen locken mit einem reichen Angebot an Weinen und organisieren ebenfalls Expeditionen in bestimmte Anbaugebiete. Und schließlich gibt es zahlreiche Detailgeschäfte, in denen man Weine jeden Niveaus kaufen kann.

Nach wie vor ist aber der beste Weg zum Wein der direkte Gang zum Winzer. Dies hat den Vorteil, daß Sie die geografischen und geologischen Gegebenheiten mit eigenen Augen sehen und daß Sie den Wein in seinem

Stammgebiet degustieren können, aber auch, daß Sie eine persönliche Beziehung zu einem Gebiet, seinem Wein und seinen Weinbauern erhalten. Die Winzer arbeiten entweder individuell oder zusammengeschlossen in Weinbaugenossenschaften. Die Weinbauorganisationen gehen immer bereitwilliger dazu über, eine spezielle Infrastruktur für Besucher anzubieten: Weinstraßen, Degustationskeller etc. gehören immer häufiger zum Ferienprogramm der Weinliebhaber. Außerdem gibt es zahlreiche Feste, Messen und Ausstellungen zum Thema Wein, wo eine Begegnung zwischen Produzent und Konsument möglich ist.

In jeder Anbauregion von Weinen mit kontrollierter Herkunftsbezeichnung sind bei den Verbänden Dokumentationen zum Anbaugebiet und Listen der ausgewählten Winzer erhältlich.

Vom Anbaugebiet in Ihren Keller
Wenn Sie wollen, können Sie Ihren Wein »offen« kaufen, das heißt, Sie fahren mit einem Tank zum Weinhändler und füllen den Wein erst in Ihrem Keller in Flaschen ab. Solche Tanks gibt es heute auch in lebensmittelfreundlichem Kunststoff, in denen der Wein problemlos transportiert und zur Not auch einige Wochen gelagert werden kann. Diese Kaufform ist aber bei Weinen mit kontrollierter Herkunftsbezeichnung kaum üblich – solche Weine werden nach wie vor flaschenweise vom Erzeuger zum Käufer gebracht. In einzelnen Fällen werden allerdings auch große Weine im Faß oder in einem anderen Großgebinde geliefert, so daß Sie den Wein schließlich selbst in Flaschen abfüllen. Persönlich zögere ich immer ein wenig, den Weinkauf im Faß zu empfehlen, denn der Ausbau des Weins ist eine Kunst für sich und darf nur mit geeigneten Materialien und größter Sorgfalt vor sich gehen, um unerwünschten Veränderungen vorzubeugen; dazu gehört natürlich

auch die Flaschenfüllung. So muß man wissen, wann genau die Füllung zu erfolgen hat, wie man Krankheitserreger ausschaltet, wie man Aromaverluste verhindert und vieles mehr.

Wenn Sie den Wein in der Flasche kaufen, stehen Ihnen schon auf dem Etikett bestimmte Informationen zur Verfügung.

Kunstgerechtes Lesen des Flaschenetiketts

Um die Authentizität, den Charakter und den Typ eines Weins garantieren zu können, hat der Gesetzgeber den Begriff der kontrollierten Herkunftsbezeichnung (Appellation d'Origine contrôlée) eingeführt.

In Frankreich werden die Weine in folgende Güteklassen unterteilt (in den anderen europäischen Ländern gelten mit geringfügigen Abweichungen in etwa die gleichen Kriterien):

1. Vins de Table (Tafelweine, Schoppenweine, Tischweine, Landweine) sind Weine für den sofortigen, täglichen Gebrauch.

Französische Tafelweine tragen keine nähere Herkunftsbezeichnung als die des Erzeugerlandes.

2. Vins de Pays (Weine mit einfacher Herkunftsbezeichnung).

Dies sind Weine bestimmter Herkunft, die einer chemischen Analyse und einer Sinnenprüfung unterzogen werden.

3. Vins Délimités de Qualité Supérieure (V.D.Q.S.).

(Qualitätsweine bestimmter Anbaugebiete). Ihr Anbaugebiet, der Maximalertrag pro Hektar, der Mindestalkoholgehalt sind genau vorgeschrieben und der Wein wird einer obligatorischen Analyse und einer Sinnenprüfung unterzogen.

4. Vins d'Appellation d'Origine Contrôlée (A.O.C./A.C.).

Qualitätsweine bestimmter Anbaugebiete mit Prädikat). A.O.C.-Weine unterstehen von Gesetzes wegen strengen Regelungen betreffend Anbaubezirk, Maximalertrag pro Hektar, genehmigter Rebsorten, Mindestalkoholgehalt, Produktionsbedingungen (Anbau, Bereitungsmethoden, Pflege…) und werden einer obligatorischen Sinnenprüfung unterzogen. Diese Klassifizierung steht an oberster Stelle der hierarchisch aufgebauten vier Güteklassen.

Unter den A.C.-Weinen kann es zu einer weiteren Klassifizierung kommen, die zum Beispiel im Burgund folgendermaßen aussieht:

– allgemeine Appellation als »Bourgogne«,

– Appellations gemäß Gemeinde wie »Gevrey-Chambertin«, »Volnay« etc.

– sogenannte Premiers Crus, die den Flurnamen tragen, der der entsprechenden Appellation zusteht. Man spricht auch von einem bestimmten »Climat«, das die Herkunft eines Weines noch genauer umschreibt. Der Name der Appellation bleibt gleich wie der Name der entsprechenden Gemeinde.

– Grands Crus, die nur den Namen der Lage (oder genauer: des »Climat«) tragen, zum Beispiel »Chambertin«.

Im Bordeaux benutzt man die Begriffe »grands crus classés«: Zum Beispiel: Château Latour – Appellations d'Origine Contrôlée Pauillac – 1er grand cru classé.

Im Falle der »crus classés« des Bordeaux handelt es sich streng genommen um eine Bewertung der Rebbergslage und nicht des Bodens oder der Lage.

Das Etikett ist also sozusagen die Visitenkarte des Weins. Obwohl es nicht alle Informationen über einen Wein enthält, kann der Kenner doch die wichtigsten Informationen daraus lesen. Die Nennung folgender

Angaben auf dem Etikett ist in Frankreich obligatorisch:

– die Benennung des Weins: Tafelwein, Landwein (mit dem Zusatz »Vin de Table«, V. D. Q. S. (Vin Délimité de Qualité Supérieure), A. O. C. (Appellations d'Origine Contrôlée); bei den A. O. C.-Weinen weiß man zudem, ob es sich um eine allgemeine Herkunftsbezeichnung wie »Bourgogne« handelt oder um eine nähere Bezeichnung wie »Gevrey-Chambertin« oder einen Grand Cru Chambertin. Die Preisdifferenzen können innerhalb einer Appellation erheblich variieren.

Obligatorische Angaben auf dem Flaschenetikett (am Beispiel Frankreichs)

Tischweine

– Die Bezeichnung »Vin de Table«, gefolgt vom Namen des Erzeugerlands.

– Also zum Beispiel »Vin de Table français«. Ist der Wein ein Verschnitt aus verschiedenen Ländern der Europäischen Gemeinschaft, muß auf dem Etikett »Wein aus mehreren Mitgliedsstaaten der Europäischen Gemeinschaft« vermerkt sein.

– der Alkoholgehalt;

– der Nettoinhalt;

– Name und Adresse des Abfüllers und der Gemeinde, in der die Flaschenfüllung stattfand, falls die beiden Adressen nicht identisch sind.

Tafelweine bestimmter Herkunft

– Die Bezeichnung »Vin de Pays«, gefolgt vom engeren Weinbaugebiet, aus dem der Wein stammt sowie der Zusatz »Vin de Table«;

– der Nettoinhalt;

118

– Name und Sitz des Abfüller, s. auch unter »Tafel-weine«.

Vins Délimitées de Qualité Supérieure
– Name der Appellation;
– die Bezeichnung »Appellation d'Origine – Vin Déli-mité de Qualité Supérieure«;
– die amtliche Prüfungsnummer, die nach der obligato-rischen Sinnenprüfung vergeben wird;
– der Nettoinhalt;
– Name und Adresse des Abfüllers und allenfalls Name der Gemeinde, in der der Wein abgefüllt wurde.

Appellation-Contrôlée-Weine
– Name der Appellation mit dem Zusatz »Appellation d'Orgine Contrôlée« oder »Appellation Contrôlée«;
– Name und Sitz des Abfüllers. Falls der Name der Gemeinde, in der der Abfüller seinen Sitz hat, eine Appellation darstellt, welcher der betreffende Wein nicht gerecht wird, muß der Name dieser Gemeinde unten auf dem Etikett vermerkt sein, und zwar hinter dem Namen des Abfüllers; das Ganze muß in gleichblei-bender Schrift auf einer Linie stehen;
– der Nettoinhalt.

Auf dem Etikett können noch weitere, nicht obligato-rische Informationen enthalten sein, wie etwa die Farbe des Weins, die Weinbereitungsart, der Typ (trocken, süß…), die Rebsorte (die dann allerdings zu 100% in dem Wein enthalten sein muß), der Jahrgang (beim einfachen Tafelwein nicht zulässig), der Markenname, der Name des Winzers, Ratschläge für den Konsumen-ten (»kühl zu trinken«…). Diese Informationen kön-nen übrigens auch auf einem zweiten Etikett figurieren. Falls die Flaschenfüllung an Ort und Stelle geschieht, kann auch noch der Name des betreffenden Weingutes vermerkt sein, zum Beispiel »mis en bouteille au domaine, au château…«.

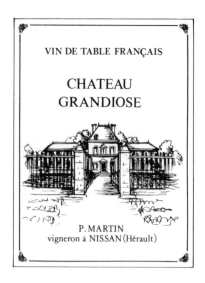

VIN DE TABLE FRANÇAIS

CHATEAU GRANDIOSE

P. MARTIN
vigneron à NISSAN (Hérault)

**Unkorrektes
Flaschenetikett**

1. Bei einem Tafelwein ist die Bezeichnung »Château«
   unzulässig.
2. Der Alkoholgehalt ist nicht aufgeführt.
3. Die Mengenangabe fehlt.
4. Name und Adresse des Abfüllers fehlen.

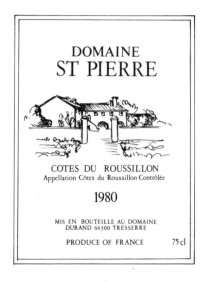

DOMAINE
ST PIERRE

COTES DU ROUSSILLON
Appellation Côtes du Roussillon Contrôlée

1980

MIS EN BOUTEILLE AU DOMAINE
DURAND 66300 TRESSERRE

PRODUCE OF FRANCE   75 cl

**Korrektes
Flaschenetikett**

Welche Weine soll man kaufen?

Ein Kriterium sollten Sie beim Weinkauf nie außer acht lassen: die Lebenslinie des betreffenden Weins. Schließlich handelt es sich beim Wein um etwas Lebendiges, Wachsendes, darum sollte man sich zum Zeitpunkt des Kaufs ein Bild der weiteren Entwicklung eines Weins machen können.

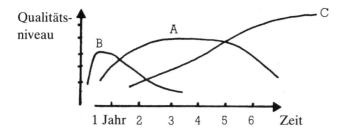

Nicht jeder Wein hat dieselbe Lebenslinie aufzuweisen. Das obige Schema stellt die drei möglichen Lebenslinien dreier verschiedener Weine dar.

Wein A hat ein mittellanges Leben vor sich. In den drei ersten Jahren nimmt seine Qualität ständig zu und stabilisiert sich dann, bevor sie sich im 7. Jahr merklich verringert. Diesen Wein sollte man also mit 3–7 Jahren trinken.

Wein B hat ein sehr kurzes Leben (wie zum Beispiel ein Primeur); man muß ihn unbedingt jung trinken, um seine Qualität genießen zu können.

Wein C ist das klassische Beispiel für einen langsam reifenden Wein, der lange gelagert sein will (wie zum Beispiel gewisse Weine des Médoc). Man sollte mindestens sieben Jahre zuwarten, bevor man ihn konsumiert.

Den Zeitpunkt des Weinkaufs sollte man nun so wählen, daß man den Wein entweder bei Beginn seiner

Jahrgangstabelle (gemäß Savour Club)

Die Angaben stellen Durchschnittswerte dar; einige Jahrgänge wurden nicht berücksichtigt, weil sie qualitativ zu wenig überzeugten.

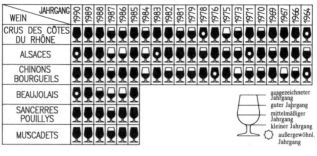

① Côte-de-Nuits 1980 und Côte-de-Beaune 1981: guter Jahrgang. Côte-de Nuits 1981 und Côte-de-Beaune 1980: mittelmäßiger Jahrgang

② In der Champagne wurden nur die Weine aufgeführt, die mit einem Jahrgang versehen sind

Stand
September 1991

optimalen Reife kauft oder aber einige Zeit vorher, falls man die nötige Geduld aufbringt und einen guten Weinkeller sein eigen nennt. Im letzteren Fall zahlen Sie merklich weniger, weil ein Teil des Ausbaus bei Ihnen vor sich geht.

Wie erfährt man nun die verschiedenen Lebenslinien der Weine, die man kaufen möchte? Einerseits durch gründliche Kenntnisse des auserwählten Gewächses, seiner Lagerfähigkeit, seines Jahrgangs etc., andererseits aber natürlich auch mittels Degustation, die Ihnen verraten wird, ob der Wein schon Körper hat oder ob er schmächtig ist, ob junge Geschmacksaromen vorherrschen oder ob er sich schon im fortgeschrittenem Reifestadium befindet.

In einem guten Weinkeller sollten sowohl konsumbereite Weine vorhanden sein wie solche, die ihrer Reifung entgegensehen. Die Bewirtschaftung eines Weinkellers verlangt große Sorgfalt und viel Geschick, und es scheint mir unumgänglich, daß man ein Kellerbuch führt, in dem alle Neuzugänge mit Datum und Degustationsnotizen zu den verschiedenen Weinen vermerkt sind, damit Sie Ihre Weine optimal verwalten und nutzen können.

Ein guter Weinkeller sollte auch ein breites Angebot aus allen möglichen Ländern oder Landesteilen enthalten sowie Weine verschiedenen Typs (trockene Weißweine, süßere Weißweine, runde, fruchtige Rotweine, alte Rotweine, Süßweine, Vins doux naturels etc.).

Spiel Nr. 10

Die Degustationspraxis des Weinkenners

– Wählen Sie verschiedene Flaschen unterschiedlicher Qualität und Herkunft aus (Tafelwein, Tafelwein mit Herkunftsbezeichnung, Qualitätswein mit und ohne Prädikat).
– Studieren Sie intensiv die Informationen auf dem Etikett und versuchen Sie sich anhand Ihres Wissens

vorzustellen, wie der Wein gemäß diesem Etikett sein sollte.

– Verkosten Sie jetzt die verschiedenen Weine und vergleichen Sie Ihre Eindrücke mit den Erwartungen, die das Etikett in Ihnen geweckt hat.

Die Freuden des Weingenusses

Um einen Wein richtig zu degustieren, muß sich der Verkoster anhand der immer wieder praktizierten Sinnenprüfung eine gewisse Empfindlichkeit der Sinnesorgane aufbauen und bewahren.

Die Kunst des Degustierens ist aber nicht einigen wenigen Spezialisten vorbehalten; falls Sie etwas Geduld, Lernbereitschaft und Leidenschaft aufbringen können, werden Sie bald ein überzeugter Weingenießer werden und mit zunehmender Erfahrung mehr über den Wein und das Degustieren wissen wollen. Die große Vielfalt an Weinen stellt für jeden Weingenießer eine immer neue Herausforderung dar.

Jedes Jahr bringt wieder einen neuen Jahrgang mit seinen ureigenen Charaktereigenschaften und Qualitäten hervor. Durch die Erfahrungen mit dieser Vielfalt an Weinen werden Sie nach und nach Ihre Kenntnisse erweitern können und einen umfassenden Überblick über die ganzheitlichen Aspekte der Weinkultur gewinnen.

Schließlich geht es aber auch darum, einen Wein ganz einfach genießen zu können, genauso, wie der Gourmet ein kunstvoll hergerichtetes Mahl zu genießen weiß, und in diesem von Verständnis bereicherten Genießen liegt denn sicher auch das Geheimnis des Weingenusses.

Anhang

Dreiecksprobe

Anzahl Urteile	Mindestanzahl der erforderlichen korrekten oder identischen Urteile für den Nachweis eines signifikanten Unterschieds. Signifikanzniveau:		
	P95	P99	P99,9
5	4	5	5
6	5	6	6
7	5	6	7
8	6	7	8
9	6	7	8
10	7	8	9
11	7	8	9
12	8	9	10
13	8	9	10
14	9	10	11
15	9	10	12
16	10	11	12
17	10	11	13
18	10	12	13
19	11	12	14
20	11	13	14
21	12	13	15
22	12	14	15
23	13	14	16
24	13	14	16
25	13	15	17
26	14	15	17
27	14	16	18
28	15	16	18
29	15	17	19
30	16	17	19
31	16	18	19
32	16	18	20
33	17	19	20
34	17	19	20
35	18	19	21
36	18	20	20

Anzahl Urteile	Mindestanzahl der erforderlichen korrekten oder identischen Urteile für den Nachweis eines signifikanten Unterschieds. Signifikanzniveau:		
	P95	P99	P99,9
37	18	20	22
38	19	21	23
39	19	21	23
40	20	22	22
41	20	22	24
42	21	22	25
43	21	23	25
44	21	23	25
45	22	24	26
46	22	24	26
47	23	25	27
48	23	25	27
49	23	25	28
50	24	26	28
51	24	26	29
52	25	27	29
53	25	27	29
54	25	27	30
55	26	28	30
56	26	28	31
57	27	29	31
58	27	29	32
59	27	30	32
60	28	30	33
61	28	30	33
62	26	31	33
63	29	31	34
64	29	32	34
65	30	32	35
65	30	32	35
67	30	33	36
68	31	33	36

Anzahl Urteile	Mindestanzahl der erforderlichen korrekten oder identischen Urteile für den Nachweis eines signifikanten Unterschieds. Signifikanzniveau:		
	P95	P99	P99,9
69	31	34	36
70	32	34	37
71	32	34	37
72	32	35	38
73	33	35	38
74	33	36	39
75	34	36	39
76	34	36	39
77	34	37	40
78	35	37	40
79	35	38	41
80	35	38	41
81	36	38	41
82	36	39	42
83	37	39	42
84	37	40	43
85	37	40	43
86	38	40	44
87	38	41	44
88	39	41	44
89	39	42	45
90	39	42	45
91	40	42	46
92	40	43	46
93	40	43	46
94	41	44	47
95	41	44	47
96	42	44	48
97	42	45	48
97	42	45	48
99	43	46	49
100	43	46	49

Zweierprobe

Anzahl Beurteiler oder Urteile	Anzahl positiver Urteile für den Nachweis eines signifikanten Unterschieds			Mindestanzahl der Urteile für den Nachweis eines signifikanten Unterschieds		
	Signifikanzniveau					
	95P	99P	99,9P	95P	99P	99,9P
7	7	7		7		
8	7	8		8	8	
9	8	9		8	9	
10	9	10	10	9	10	
11	9	10	11	10	11	11
12	10	11	12	10	11	12
13	10	12	13	11	12	13
14	11	12	13	12	13	14
15	12	13	14	12	13	14
16	12	14	15	13	14	15
17	13	14	16	13	15	16
18	13	15	16	14	15	17
19	14	15	17	15	16	17
20	15	16	18	15	17	18
21	15	17	18	16	17	19
22	16	17	19	17	18	19
23	16	18	20	17	19	20
24	17	19	20	18	19	21
25	18	19	21	18	20	21
30	20	22	24	21	23	25
35	23	25	27	24	26	28
40	26	28	31	27	29	31
45	29	31	34	30	32	34
50	32	34	37	33	35	37
60	37	40	43	39	41	44
70	43	46	49	44	47	50
80	48	51	55	50	52	56
90	54	57	61	55	58	61
100	59	63	66	61	64	67

Kramer-Test

Summe der Klassifizierungen mit Signifikanzniveau 5% oder P = 0,05.
Die Werte der jeweils oberen Linien entsprechen den tiefsten bzw. höchsten Signifikanzwerten für die Summe der Klassifizierungen und **ohne** vorhergehende Beurteilung; die Werte der unteren Linien entsprechen den tiefsten bzw. höchsten Signifikanzwerten **mit** vorhergehender Beurteilung.

Anz. der Wiederh.	Anzahl der Versuche										
	2	3	4	5	6	7	8	9	10	11	12
2	–	–	–								
				3·9	3·11	3·13	4·14	4·16	-4·18	5·19	5·21
3	–	–	–	4·14	4·17	4·20	4·23	5·25	5·28	5·31	5·34
		4·8	4·11	5·13	6·15	6·18	7·20	8·22	8·25	9·27	10·29
4	–	5·11	5·15	6·18	6·22	7·25	7·29	8·32	8·36	8·39	9·43
	–	5·11	6·14	7·17	8·20	9·23	10·26	11·29	13·31	14·34	15·37
5		6·14	7·18	8·22	9·26	9·31	10·35	11·39	12·43	12·48	13·52
	-6·9	7·13	8·17	10·20	11·24	13·27	14·31	15·35	17·38	18·42	20·45
6	7·11	8·16	9·21	10·26	11·31	12·36	13·41	14·46	15·51	17·55	18·60
	7·11	9·15	11·19	12·24	14·28	16·32	18·36	20·40	21·45	23·49	25·53
7	8·13	10·18	11·24	12·30	14·35	15·41	17·46	18·52	19·58	21·63	22·69
	8·13	10·18	13·22	15·27	17·32	19·37	22·41	24·46	26·51	28·56	30·61
8	9·15	11·21	13·27	15·33	17·39	18·46	20·52	22·58	24·64	25·71	27·77
	10·14	12·20	15·25	17·31	20·36	23·41	25·47	28·52	31·57	33·63	36·68
9	11·16	13·23	15·30	17·37	19·44	22·50	24·57	26·64	28·71	30·78	41·76
	11·16	14·22	17·28	20·34	23·44	26·46	29·52	32·58	35·64	38·70	41·76
10	12·18	15·25	17·33	20·40	22·48	25·55	27·63	30·70	32·78	35·85	37·93
	12·18	16·24	19·31	23·37	26·44	30·50	34·56	37·63	40·70	44·76	47·83
11	13·20	16·28	19·36	22·44	25·52	28·60	31·68	34·76	36·85	39·93	42·101
	14·19	18·26	21·34	25·41	29·48	33·55	37·62	41·69	45·76	49·83	53·90
12	15·21	18·30	21·39	25·47	28·56	31·65	34·74	38·82	41·91	44·100	47·109
	15·21	19·29	24·36	28·44	32·52	37·59	41·67	45·75	50·82	54·90	58·98
13	16·23	20·32	24·41	27·51	31·60	35·69	38·79	42·88	45·98	49·107	52·117
	17·22	21·31	26·39	31·47	35·56	40·64	45·72	50·80	54·89	59·97	64·105
14	17·25	22·34	26·44	30·54	34·64	38·74	42·84	46·94	50·104	54·114	57·125
	18·24	23·35	28·42	33·51	38·60	44·68	49·77	54·86	59·95	65·103	70·112
15	19·26	23·37	28·47	32·58	37·68	41·79	46·89	50·100	54·111	58·122	63·132·
	19·26	25·35	30·45	36·54	42·63	47·73	53·82	59·91	64·101	70·110	75·120
16	20·28	25·39	30·50	35·61	40·72	45·83	49·95	54·106	59·117	63·129	68·140
	21·27	27·37	33·47	39·57	45·67	51·77	57·87	62·98	69·107	75·117	81·127
17	22·29	27·41	32·53	38·64	43·76	48·88	53·100	58·112	63·124	68·136	73·148
	22·29	28·40	35·50	41·61	48·71	54·82	61·92	67·103	74·113	81·123	87·134
18	23·31	29·43	34·56	40·68	46·80	52·92	57·105	61·118	68·130	73·143	79·155
	24·30	30·42	37·53	44·64	51·75	58·86	65·97	72·108	79·119	86·130	93·141
19	24·33	30·46	37·58	43·71	49·84	55·97	61·110	67·123	73·136	78·150	84·163
	25·32	32·44	39·56	47·67	54·79	62·90	69·102	76·114	84·125	91·137	99·148
20	26·34	32·48	39·61	45·95	52·88	58·102	65·115	71·129	77·143	83·157	90·170
	26·34	34·46	42·58	50·70	57·83	65·95	73·107	81·119	89·131	97·143	105·155

Summe der Klassifizierungen mit Signifikanzniveau 1% oder P = 0,99.
Die Werte der jeweils oberen Linien entsprechen den tiefsten bzw. höchsten Signifikanzwerten für die Summe der Klassifizierungen und **ohne** vorhergehende Beurteilung; die Werte der unteren Linien entsprechen den tiefsten bzw. höchsten Signifikanzwerten **mit** vorhergehender Beurteilung.

Anz. der Wie-derh.	Anzahl der Versuche										
	2	3	4	5	6	7	8	9	10	11	12
2	·	·	·	·	·	·	·	·	3-19	3-21	3-28
3	·	·	·	·	·	·	·	·	4-29	4-32	4-35
	·	·	·	4-14	4-17	4-20	5-22	5-25	6-27	6-30	6-33
4	·	·	·	5-19	5-23	5-27	6-30	6-34	6-38	6-42	7-45
	·	·	5-15	6-18	6-22	7-25	8-28	8-32	9-35	10-38	10-42
5	·	·	6-19	7-23	7-28	8-32	8-37	9-41	9-46	10-50	10-55
	·	6-14	7-18	8-22	9-26	10-30	11-34	12-38	13-42	14-46	15-50
6	·	7-17	8-22	9-27	9-33	10-38	11-43	12-48	13-53	13-59	14-64
	·	8-16	9-21	10-26	12-30	13-35	14-40	16-44	17-49	18-54	20-58
7	·	8-20	10-25	11-31	12-37	13-43	14-49	15-55	16-61	17-67	18-73
	8-13	9-19	11-24	12-30	14-35	16-40	18-45	19-51	21-56	23-61	25-66
8	9-15	10-22	11-29	13-35	14-42	16-48	17-55	19-61	20-68	21-75	23-81
	9-15	11-21	13-27	15-33	17-39	19-45	21-51	23-57	25-63	28-68	30-74
9	10-17	12-24	13-32	15-39	17-46	19-53	21-60	22-68	24-75	26-82	27-90
	10-17	12-24	15-30	17-37	20-43	22-50	25-56	27-63	30-69	32-76	35-82
10	11-19	13-27	15-35	18-42	20-50	22-58	24-66	26-74	28-82	30-90	32-98
	11-19	14-26	17-33	20-40	23-47	25-55	28-62	31-69	34-76	37-83	40-90
11	12-21	15-29	17-38	20-46	22-55	25-63	27-72	30-80	32-89	34-98	37-106
	13-20	16-28	19-36	22-44	25-52	29-59	32-67	35-75	39-82	42-90	
12	14-22	17-31	19-41	22-50	25-59	28-68	31-77	33-87	36-96	39-105	42-114
	14-22	18-30	21-39	25-47	28-56	32-64	36-72	39-81	43-89	47-97	50-106
13	15-24	18-34	21-44	25-53	28-63	31-73	34-83	37-93	40-103	43-113	46-123
	15-24	19-33	23-42	27-51	31-60	35-69	39-78	44-86	48-95	52-104	56-113
14	16-26	20-36	24-46	27-57	31-67	34-78	38-88	41-98	45-109	48-120	51-131
	17-25	21-35	25-45	30-54	34-64	39-73	43-83	48-92	52-102	57-111	61-121
15	18-27	22-38	26-49	30-60	34-71	37-83	41-94	45-105	49-116	53-127	56-139
	18-27	23-37	28-47	32-58	37-68	42-78	47-88	52-98	57-108	62-118	67-128
16	19-29	23-41	28-52	32-64	36-76	41-87	45-99	49-111	53-123	57-135	62-146
	19-29	25-39	30-50	35-61	40-72	46-82	51-93	56-104	61-115	67-125	72-136
17	20-31	25-43	30-55	35-67	39-80	44-92	49-104	53-117	58-129	62-142	67-154
	21-30	26-42	32-53	38-64	43-76	49-87	55-98	60-110	66-121	72-132	78-143
18	22-32	27-45	32-58	37-71	42-84	47-97	52-110	57-123	62-136	67-149	72-162
	22-32	28-44	34-56	40-68	46-80	52-92	57-105	62-118	68-130	73-143	79-155
19	23-34	29-47	34-61	40-74	45-88	50-102	56-115	61-129	67-142	72-156	77-170
	24-33	30-46	36-59	43-71	49-84	56-96	62-109	69-121	76-133	82-146	89-158
20	24-36	30-50	36-64	42-78	48-92	54-106	60-120	65-135	71-149	77-163	82-178
	25-35	32-48	38-62	45-75	52-88	59-101	66-114	73-127	80-140	87-153	94-166